A QUEST FOR MORE
LIVING FOR SOMETHING
BIGGER THAN YOU

寻求更大的事

神的国？ 我的国？

保罗·区普（PAUL DAVID TRIPP）/ 著

陆铀 孙轶男 / 译

上海三联书店

谨将本书献给亲爱的

放下对个人王国的执着与爱慕，
抬头仰望神荣耀的国度，勇往直前吧。
你将发现，不断超越信心巅峰
是这一生中最振奋、最值得去达成的目标！

您的挚友

目 录 CONTENTS

自 序
先求他的国

有些书专门探讨一个特定主题；有些书提供某方面的生活技巧；还有些书记载个人的经验或生命历程；其他的书则写些好笑或悲伤的故事。

你现在要看的这本书不属于以上各类书籍。

我先解释一下这本书的目的，这本书是要激励你去思想圣经中的一个中心主旨：即神的国度。本书并不是一本有关神的国度的神学书，也不是一本解释所有关于神的国度的查经书，而只是默想主耶稣要我们"先求他的国"这句话到底是什么意思。当我们用生命的全部去了解他的国时，究竟会是什么样的情况？

现在的难题是圣经中有许多词汇，如"国度"，是我们既熟悉又陌生的。这些词我们都听过许多遍，或许自己也常在对话中使用，然而我们可能并不真正清楚这些词的含义。也或者我们词意上理解，但却不知道这些词如何影响我们每日的生活。

这本书论及的国度生活是在神学院课堂上找不到的。让我带你上路，我要把你带到真实的日常生活中，将神的旨意实际应用在每日生活中。 从生活中学习神的旨意，来帮助你思想基督国度的事。 你一开始可能会感觉不舒服，但接下来你会受到激励、感到兴奋并且满有盼望的动力。

神将他的儿子赐给你，不是要让你的小国度成功，而是要欢迎你进入更美的国度，我们现在来看这句话到底是什么意思？

保罗·区普

前 言
关于这段旅途

读书就像走一段漫长的旅途。 一开始，你会非常兴奋，因为你刚刚出发，心怀期待是一件激动人心的事。 但不久，你便觉得路途漫长无比。 等到走了一半的路程后，你巴不得能够立刻看到指示终点的路标。 当知道还差几里就到达终点时，你便开始庆祝了。

这本书就像一趟旅程，不过这是条很特别的旅程。 我先提醒你，当你读《寻求更大的事》这本书时，会觉得像是要从堪萨斯州开车到太平洋海岸一般，这段路的确很美，但当你以为一切顺利时，落基山脉就横亘在眼前。 在翻越一座接一座的山头的过程中，你很容易陷入沮丧。

我所说的要攀越的高山指的是什么呢？ 本书的前几章指出我们会在许多事上舍弃神的国度，而专注于自己渺小的国度。 这段旅途让人觉得很痛苦，好像你刚觉得成功翻越了一座山，却发现另一座山正在前面等着你。 但不要灰心！ 一旦你越过了让你谦卑自省的苦毒山头，愿意承认自己的生命有问题，你将在旅途的终点，看见并且听到神的答案，那会让你觉得其美无比。

在这趟小旅途出发之前，请记住：我们所侍奉的是一位绝不退而求其次的神，这是何等的美事！因为他为我们所预备的目的地，是我们永远不会选择要去的。直到确定我们达到神创造又再造我们该有的形象，否则他绝不满足。大多数的人以待在家中为满足，也有些人远在旅途终点前就选择放弃。但我们天上的父要求他的每一位儿女都要走完当走的路程，否则他绝不放弃。

既然如此，请与我一同上路，要知道前面一定会有崇山峻岭，但不要灰心。海洋很快会出现，对高山的热忱将会在你到达目的地时，让一切更加甜美。

Q

你是否愿意让你的生命发挥影响力？

第 **1** 章

寻求更大的事

超越：人类经验范围之外的状态

你是为了成为伟大之事的一分子而受造。

你是否想过要投身于有价值的事？ 你是否想知道为什么你的生活毫无意义或目的？ 你是否因为地位、成就、资产或人际关系无法满足你而失望？ 你是否曾经梦想成为伟大之事的一分子？ 如果是，那么本书正是为你而写的。 本书主要探讨有价值的生命，也就是如何活出有影响力的生命。

坊间已有许多探讨成功、成就及影响力的书，但这一本不同。我要带你进入一趟旅程，借着一本历史上最伟大的书——圣经中的许多故事，以及其他故事来展开这趟旅程。 唯有如此，你不但能发现自己是谁，还能知道自己受造的目的。 神将你放在他所命定之地，就是你现在的处境——为要使你成为伟大之事的一分子。确实，神要使你大大地发挥影响力，请与我一同展开这趟发现之旅。

选美皇后及世界和平

这是典型的西方文化的现象：美国小姐选拔赛最后关头，一个女孩站在麦克风前，美丽又端庄。主持人问她，在当选之后一年中她想要实现哪些事？女孩回答："我要实现世界和平，解决全球饥荒问题，释放世上所有关在笼子里的小鹦鹉。"这种话我们听过上百遍，也成为深夜喜剧节目的笑料。然而，尽管我们以嘲笑和讽刺的态度对待这位夸下海口的卫冕者，但仔细想想，她所说的确实具有对人性独到而深刻的见解。每个人的内心深处都编织着一个梦想，想去寻求更大的目标——不是天天过着毫无意义的生活，而是渴望成为更远大、更雄伟、更了不起的事件的一分子。也许，这正是为什么人总是想征服珠穆朗玛峰，驾艘小得不能再小的船横渡海洋，或是尝试任何别人做不到的壮举。这也可能是为什么我们着迷于政治、体育或其他我们认为值得去奋斗的事。

我们受造不是只为自己而活。我们来到世上是为了更大的目的，不是要局限在一个自我生存的小框框内，也不是要满足所谓的个人快乐。每个人里面都有一个深层的渴慕，也可称为对**超越性**的寻求。超越就是成为更大之事的一分子。我们的受造是要成为极伟大、极荣耀中的一位，超出平常之外，因此也改变我们处理日常事务的心态。但罪的蒙蔽、破碎的生活及叛逆的心态，使人里面的这个渴望被压制了。

美式足球超级杯大赛中，六万五千名球迷看见球员在最后一秒将球踢进球门得分时，每一位都极尽所能地尖叫，这时他们都经历到一种超越感。一位球迷兴奋地说："今年是属于我们的，终于等到这一天，我们一定会赢！"这话听起来好像是他拿了球队的薪水——当然不是。他用"我们"的语气就是超越，在这时候，他脱离了日常琐事的小世界，一跃成为更大之事的一分子。他把自己和整个队伍联系在一起，这使他超越常人，即使是短暂的一刻。

总统竞选时，一名地方助选员也有同样的经历，或许他根本不会面对面见到总统候选人，而且他只负责几台叠纸机和把文件放入纸箱的工作，但是他已成了超越之事的一分子。有人告诉他这次选举将永远改写美国政坛，参与这次选举帮助他脱离了封闭的大学生活，而成为更大之事必要的组成分子。即使短暂，他已有了超越的经历。

登山队员面对的是令人晕眩的高峰、无情的陡坡和刺骨的寒风，这些让他有超越感。他加入的是一个只有少数人的团体，这些人脱离日常生活的忧虑而去成就大事。当他站在缺氧的高峰上，即使只是一天，他已经历了超越，而且这不会是他唯一征服的山峰。

参加抗议游行的人、海军陆战队的职业军人，甚至假装自己是世界之王的小男孩都到过同样的"高峰"，经历到自己隶属于更了不起之事的一分子，你的地位和角色都变得很重要。从那一刻起，你的生命更有意义，这更大的事早上会催促你起床，甚至让你难以入睡。 就连每天的例行公事都变得很重要，能让你得到满足，因为你不再只是为了求生存，而是为了更重要的事而活。 你开始体会到一点点的超越感。

我们都有渴慕超越的心，因为是神把它放在那里，他创造我们，就是要我们为比自己更大的事而活。 神所设计的人渴望活出有意义、有目标且有果效的生活。 我们不是为了寻求自我生存及快乐而受造。 神所定的目标是要让我们的视野远远超越目前的生活范围，要我们去看那超过肉眼的极限，如此远大的异象才能带动、激励、凝聚并满足我们。

那位选美小姐或许并非痴人说梦，她在那一刻有了正确的认识，也许她对超越的渴慕是她人性最美之处，远超过她外表的美丽。

起初的目的

《创世记》一至二章记载神的创造中明确提到人"超越"（above and more）的身份。 这段经文的描述让我们看出亚当和夏娃并不是最高等的动物，他们是与万物有别、超出万物且独一无二的存在。 这两个人是为了比自身存在更高的目的而受造。 神放他们在伊甸园中，不是为了满足他们个人生存及自身的需要。受造之后，神立刻赐给他们异象及任务，带他们超越自我需求及忧虑的界限。 超越是人性的一部分，神赋予他们了不起的能力来实现其他受造物所不能行的事。 没有这样的超越能力，则与只求生存的低等动物无异。

我们既然都是亚当和夏娃的儿女，不妨来思想这件事的意义。 神造我们有更高的意义，不是要我们为了满足自己的喜好而去排满时间表。 受造的目的不是要我们满足自己的需要和个人的欲望。 人不能成为以自我为中心的小国王来统治只有一个子民的小国家，这不是神的心意。 确实，你需要关心你的健康、工作、投资、房子、家人、朋友等等，如果说这些事都不管，你就是不负责任，但你如果只为这些事而活，那就是身为人的悲哀。 你将生命缩小到你存在的尺寸，根本拒绝了你的人性，因为神造你本是要你成为一位"超越"的人，你是为了超越而受造。

吉米坐在我前面，从他颓丧的身躯可以看出他正陷入消沉，他说几个月前，他忽然发现没人关心他早上是否醒来，健康还是生病，也没人在乎他是高兴还是悲伤。"早上我起来穿上最好看的衣服，离开那漂亮又新式的公寓，开着豪华轿车去做高薪的工作。 一天结束后又回到我美丽的公寓，如此周而复始，如果有一天我死了都没人知道。 我拥有一切，为什么却不快乐呢？"吉米确实拥有一切，但在他赚取这一切的过程中，他否定了自己的人性。 他忽略了一件事，一件区分他和其他一切受造之物的事。

吉米建造了他自己的王国，沉溺在每一个梦想中，也有了一切所需要的东西。他用严格的纪律成功治理他的王国，最后却发现这是座空城，他只是一位虚无的国王。吉米没有过多的奢求，他的可悲在于他追求微不足道的小事来满足自己，所以得到的也不过如此。

你是什么情形呢？你正朝哪个异象努力呢？你投资在哪一个伟大的梦想上呢？你给"美好人生"所下的定义又是什么？你什么时候才知道自己成功了呢？如果你拥有"一切"，这"一切"是什么样子？恐怕许多基督徒每周上教会、定期为神的事工奉献金钱、对圣经也很熟、没有表面的邪恶；但他们却以"小之又小的事"为满足，不知自己是为"超越"而造。

他们之所以有这样的错误，是因为将宝贵的基督信仰缩小到他们生活的尺寸。他们误以为神所赐的恩典与智慧，不过是带他们进入更好的婚姻关系、亲子关系、亲戚关系及功成名就的邀请函罢了。从一方面来看，神的恩典的确应许我们拥有这些，但本书要指出一点：神是要邀请你进入比这些更大、更好的事当中。神的恩典邀请你成为更大之事的一分子，远超过你梦寐以求的事。他的恩典将你为自己所造的小牢房凿开一个洞，请你走出象牙塔，踏入他那无比宏伟又有意义的境界，圣经中只有一个词汇能贴切地描述这境界，那就是——**荣耀**！

为荣耀而造

你必须承认你喜爱荣耀。这是为什么你喜欢玩虚拟游戏，喜欢两腿护球、强力灌篮等，或是穿上亮眼手工镶钻的晚礼服、享受七层三色巧克力慕斯蛋糕。这也是为什么你会被巍峨的山脉或日落晚霞所吸引。创造主在造你的时候就把活出荣耀的人性放在你里面，这是摆脱不掉的，就在你的基因里。土拨鼠绝不会去比较谁造的土窝最美，就像我弟弟说的，企鹅潜入冰冷的海水不是在跟谁比赛，没有一位企鹅播报员宣布说："它的分数是 9.3，技巧上得了高分，但艺术创作力差一些。"

但人却大不相同，我们会成群结队去美术馆看超现实主义画家达利（Salvador Dali）的杰出画作，也会为了乘坐超级摩天轮而排队等九十分钟。感恩节大餐前好几天，我们就不住地想着这荣耀的时刻。在生活中，我们会为了每个光彩的时刻疯狂努力。我们完全是为了荣耀而受造，但不是为着受造世界那残缺晦暗的荣耀，而是为了超越这一切之上的——**神的荣耀**。当你明白这一点后，你的生命就能开始发挥影响力。

超越的荣耀

先让我来谈谈目标。虽然本书一方面谈到有目标的生活，然而，有比这更重要的事。许多人都过着有目标的生活，然而他们的生活不能产生任何影响力。 每个人的生命都该有目的，因为每个人都为着追寻某个目标而活。 所以，单是决定生活的目标还不够。 有个生活目标固然好，但你的目标如果和神的荣耀无关，那就是否定了自己的人性！

我们来思想一下《创世记》一至二章提到的几个重点。 这里提到四种超越的荣耀，那将成为每个人生命塑造的重心。 第一种是为了个人的生存，其他三种都是从第一种延伸出来的。 这些荣耀都呼召我们脱离那以自我为中心的狭窄生活，进入一个又高又大的境界。 我们将在后续章节加以阐明。

神的荣耀

我们受造是要与远超过我们而不是低于我们的事产生联结。换句话说，神设计我们，就是要我们与造物主连合，而非与受造物连合。他创造我们，是要我们去经历、归属、满足并追寻那真正独一的荣耀——就是属于他的荣耀。对神荣耀的渴慕和不能轻易满足的追寻应当是我们的生活指南。

《创世记》一章让我们明白：亚当和夏娃一有了气息就看到神与他们同在，神要求他们忠诚。他要成为他们所想所求、所说所行的中心。唯有如此，亚当和夏娃才会活出超越的意义及目标。总而言之，无论知不知道，人所寻求的超越荣耀不是一个物品，而是一位个体，他的名字是神。

人之所以超越一切，是因为人是为神而造，唯有与神相交，并将其他一切事物的荣耀臣服于神的荣耀之下，才能找着内心所寻求的"超越"。神与亚当和夏娃同在，为的是帮助他们达到超越的极限，为荣耀的神而活，绝不能将他们的目标缩小成自己微小生命的荣耀。

管家的荣耀

你读创造的故事时一定惊叹神是何等精细地构筑他的世界，之后却把所造之物交在人的手中。神要亚当和夏娃良善又忠心地负起管理一切受造之物的责任。事实上，神设计他们是要成为神的"小区经理"。他们个人的异象应当如同神所创造的宇宙那么宽广。神不是只叫他们顾全自己就好，乃是叫他们去管理一切神精心创造的奇妙事物，而这些事物正反映出他的荣耀。人借着统治、管理四围受造之物来反映出神的荣耀，如此便显明人的超越性。叫亚当和夏娃去管理一切受造之物，事实上是叫他们进入一个超越之境的属天呼召。神要亚当和夏娃绝不可将管理的尺寸缩小到只顾自己。

团体的荣耀

神造人是为了让我们彼此建立关系，他没有要亚当独居。亚当不应该是自己最好的朋友。神为亚当和夏娃所设计的这个彼此相依的团体，成了关系网络的起点，人与人的关系决定生活的重心及活力。

人的生活应该超出独立、自主及对这些狭隘的荣耀感到自满。我们的生活乃是要不断去寻求互依、互容的群体荣耀。我们受造就是需要他人的，团体的形态包括：邻舍、家人、朋友、教会、城市、州县、国家、兄弟、姊妹、父母、配偶等。在每日的生活中，这些关系网络使我们脱离自我的隔绝及孤立而去体验群体的荣耀，而这是自私及自我中心的生活绝不能给的。

神造亚当和夏娃之后，立刻叫他们进入一个超越的荣耀境界，就是要他们进入影响世界、繁衍世代并孕育历史的团体。他们每日的生活都要以团体的形式来过。神迫不及待地将亚当和夏娃放进一个团体是要叫他们进入超越。神告诫他们绝对不可以将自己的生活局限在各过各的生活方式中。

真理的荣耀

神造了亚当和夏娃之后行了一件前所未有的事，就是与他们说话。这看似普通的一刻其实是超越的一刻，因为天地万物的主、全地的王、宇宙的创造者，将他属天智慧的奥秘传入他所造之人的耳中。神的这个举动是叫亚当和夏娃跨越出他们自己的思想、阐释及体验的范围。他们要以神是生命起源的这个观念来组成他们的生活方式。

神将沟通的能力放在亚当和夏娃里面，借着这个能力使他们接受他的启示，再逐渐向他们开启他真理的荣耀，使他们都能按照真理去思想、渴望、定意及行事。因为神只向他们开启这样的荣耀，所以他们的生活才与其他受造之物不同。

他们永远不能靠自己去发现神告诉他们的事。当神决定告诉他们时，亚当和夏娃才会知道智慧的宝藏。神的话说明他是谁、生命的意义和目的、生活的道德体系、人类的本性、人类基本的工作境况，神的话也叫人进入团体并呼召人来敬拜他。神绝不是要亚当和夏娃靠自己的经历和自我阐释出的观点来生活。

每一个思想的成形都应该按照神真理的荣耀，他以忍耐、渐进的方式向人启示真理的荣耀。神在伊甸园内与亚当和夏娃交谈看起来似乎很普通，但这个交谈是要他们进入超越，呼召他们去过一种"超越"的生活。神告诫他们绝对不可以将他们的思想方式局限到自己的意识形态中。

等一下，那礼拜二的事怎么办？

也许你读到这里时，心想："好，保罗，你刚才讲的都很有意思，但我还得过现实生活啊！譬如说，我礼拜二一定要和我那青少年的儿子到学校谈谈为什么他的功课退步那么多，下午我也必须和一位朋友解决我们之间的误会，晚上我还要和我先生商量我们的财务问题，我要面对这么多现实生活中的问题，不面对也不行，我根本没有时间去超越。"

请坚持一下，其实这本书的重点就在这里。在这堕落的世代，有一股强大的压力逼着你将你生命的尺寸缩小到你自己生活的范围。 现在有一种强烈的趋势要让你忘记你是谁，并让你忘记受造的目的。 你让自己变得近视，缺乏远见，注意力很容易分散。你也让自己对小事满足，其实你是为更大的目的而被造。 的确有那宝贵的、荣耀的及永恒的存在，在凡事上指引你该如何行，当你忽略的时候，你就否定了你的人性。

你知道礼拜二的这些事都是你该做的，也都很重要，本书不是要你忘掉自己的本分，而是教你用新的方法来处理。 无论神将我放在何处，我要以新的生活方式接受他超越的荣耀，因为我是为这荣耀而受造的。

本书提到如何为更大的国度而活，而不是专为我的生活、家庭、工作这个小国度。 我该到哪里去为这更大的国度而活呢？ 就在我的生活、家庭及工作中！ 本书不是叫你停止手边的事，而去做另外一些新事。 本书是要帮助你以一个如同神那般荣耀宽广的异象来做神要你做的事。

本书能使你拥有远大的计划并为更大的事而活，鼓励你以神的荣耀、团体的荣耀、管家的荣耀及真理的荣耀来改变你处理眼前琐事的方法，也鼓励你坚信，只有在你与神超越的荣耀相联结时，你才能真实地活出你的人性来。

明白我所说的这些话吗？ 是否不太确定呢？ 你是否想要过一个有价值且有影响力的人生？ 请继续往下读。

想一想，

你正在为哪一件大事而活？

你愿意为小事而满足吗？

第 **2** 章

是多是少？

装假：为了蒙蔽人而有不实的表现或行为

罪使我们嘴上谈论更多，且以小事为满足。

有的时候，一件看来是微不足道的小事，但从另一个角度看，却预示着一件非常重要的事。 我们开车去一个地方，我因为视力不好，通常晚上都由太太开车。 在她开往目的地的路上，我说："卢埃拉，你不是该从这条路转进去吗？"因为我们刚过了一条平常我会走的路。

她回答说："这条路比较远。"

"两点之间最短的路是直线。"我提醒她。

"这正是我为什么不走那条路的原因！"

"但你带我们绕了远路。"我坚持。

"你为什么不放轻松让我来开？"

"因为我不信任你的方向感！"

卢埃拉回答："我们现在约好，你开车由你决定路线，我开车由我决定路线。"

"如果你走错路，怎么办？"

"这没有什么对错，只是各人的观点不同罢了。"

我心想（没说出来）：**我的观点才是对的！**但我嘴上说的是："我希望我们在一架直升机上。我可以指给你看所有的路线，你就知道我在说什么。"

卢埃拉回答："你现在需要的不是一架直升机！"

这只是一点小磨擦，还没发展到怒气全发的地步，不过这件事值得分析一下。这段反映出堕落的人很难定睛在重要的事情上。在激烈的争执中，我们很容易就把一件微不足道的小事变得天大。我们都会为毫无价值的事争执不休，却忘掉那些具有超越价值的事。

在怒气发作的那一刻，一位母亲会将儿子卧室的脏乱看得比他们之间的关系还重要，而母子关系是何等重要，神要藉由这位母亲来为这孩子成就美事。因为邻居院子的界线不明，一位基督徒经过几个月的挫败之后，终于与邻居大吵一顿，完全忘记在生活上作光作盐的重要性远超过他在边界上多种的那些花。有时候，一个男人的幸福感来源于他那辆新车的款型和气味，而非来源于自己内心的状态。

人生某个时期，一个人对另一个人所产生的爱慕及欣赏会比天父所赐的恩慈、饶恕及眷顾的爱更具功效。也有的时候，一块肥美牛排的重要性胜过生命的粮食带给灵魂的饱足。 有时眼中女子美丽的身形变得比长期婚姻关系及一颗单纯的心更重要。 某个夜晚在车上，在太太面前表现自己是对的，比如何正确地活在神面前更重要。

要我们弄清楚荣耀是很难。 要我们看穿眼前受造之物的"荣耀"而定睛在神超越的荣耀上非常困难。 我们很难记住什么是真正重要的，并被这些事激励。 我们很容易专注于我们的小世界，好像神荣耀的国度对我们不起作用一样。 我们其实是在一场争战中，每天经历各样戏剧性的心战。 那天晚上在车上发生的就是这样的事。 我们一次又一次否定自己的人性，忽略自己是为超越的荣耀而受造时，就会以微不足道的小事为满足。 对我们来说很难将真正重要的事作为实际重要的事来对待。 没过多久，亚当和夏娃就掉在这个困境之中。

伊甸园中的问题

你是否想过在蛇与夏娃的对话中，蛇究竟答应给夏娃什么东西？ 它要给夏娃的是"更多"，它要给的是超越，但这里有一个致命的漏洞，它要给的与神无关！ 它给的这个"超越"（above and beyond）的荣耀其实是要来取代神所赐超越的荣耀。 注意"你们便如神"这五个小字的惊人含意。 撒但在这里是骗她说："夏娃，你要知道，有一个荣耀比你所经历的还要大，并且更能满足你喔！

你的生命会比以前更加美好。 夏娃啊！ 只要你愿意踏出神所定的这些狭窄的界限，就可以拥有一切。 你不需要与神连结，因为你会跟神一样。"

仇敌这番操纵性的话听起来像是要给予更超越的荣耀，其实是明显地将荣耀缩小。 撒但手里拿出来的根本不是荣耀。 换句话说，当我选择一个以自我为中心的"更多"时，我所得到的永远是少之又少。 撒但原本是说："夏娃，你不要为神的国度而活，你去为一个更大、更令人满足的国度而活。 你只要做这一件事，就能拥有一个以你为中心的国度，没有人会来向你挑战。"基督开始他地上的事工时，撒但也用过这同样邪恶的推销技俩（参考《马太福音》四章 8~11 节）。 圣经记载了历史上第一个选择将生命的尺寸自动缩小的人。 从那以后，我们都在偿还这个债务。

二手车推销员

我喜欢听二手车推销员讲的话。 可能他们不都像我现在所形容的这一位，但是我认为他们使用的这一套说辞很有启发性。 骗人的推销技术都用正面的词汇，少说负面的话，外加一些很有技巧的谎言（花言巧语）。 你走到一辆车前，推销员立刻告诉你："这个宝贝有你所见过车中最好的音响系统，坐一下椅子，这些座椅能调换五十多种不同的方位。"他夸大这部车子的两个优点，好让你不去注意引擎和变速器。 他要减少你心里负面的想法。 他说：

"这部车很适合在市区开。"意思是这部车很小，不能载太多人。他又说："这部车对小家庭来说再好不过了。"他指的是车子后面座位太小，正常高度的人坐上去会不舒服。 最后他用的是动听的谎言："我们一定会让你买得起。"这可能是说："你买不起这部车，但我们可以在付款方式上动手脚，让你以为你买得起。"

这是仇敌的手段，用的都是装饰的词汇、不存在的事实以及动听的谎言。 这是诱惑的手段。 这是虚假荣耀和虚假超越性的手段。 这种手段非常邪恶，但我们却一次又一次地上当。

要明白，我们灵魂的仇敌知道我们是为了超越而造，它知道我们受造不是为着自己的存活与喜好这等微小的荣耀，而是要不断与更荣耀的事联结。 它也知道，我们都渴慕更伟大的事，所以它的手段就是把微不足道的小事包装成了不起的大事摆在我们面前。它在园子里说"你们便如神"那句话并不是领人进入更高之处的诚实邀请，而是把人带入虚空的欺骗技俩。 这不是让人变得更荣耀的邀请函，只是一个让亚当和夏娃否定他们真实人性的骗人花招，他们的人性原本是与神的荣耀相连的，但悖逆神的结果绝不能带他们进入更高的荣耀。

总是那老一套！

每天，我们都会在很多事上屈服于这陈旧的伎俩。 我们忘了自己是为荣耀而造，做到一些小事就以为它们很伟大。 如同亚当和夏娃一样，我们要为此付上极大的代价。 他们赤身露体、充满罪恶感和羞辱感地藏在树丛里躲避他们的神。

一个作父亲的人忘记了他曾受邀进入超越的荣耀，以致无法参与神塑造灵魂的工作，反倒听信以事业成功为荣的谎言。 长此以往，他的生命被渐渐侵蚀，他以工作来定义人生。 在家中，抚育孩子的使命感也越来越微弱，可悲的是孩子不再是他生活上的喜乐，反成了每天繁忙的时间表上的一个负担，孩子越来越不认识、不尊敬、也不信任这位父亲，更感受不到父亲的爱。

一个年轻人会忘记超越的荣耀，那源于救赎主所赐的同在、有力量及有恩典的荣耀。 相反的，她却为了得到同学的接纳这种虚假的荣耀而活。 她像鹦鹉学舌般说同学喜欢用的词汇，学她们的时髦装扮，因她们的笑话而捧腹大笑，就算良心不安也要参加她们的活动。 这些都是因为她认定自己"需要"得到她们的接纳、认可。 有时候她会有超越的感受，以为自己的生命有意义、有目的，以为她与比自己还大的事有了联结。 可悲的是，她其实是选择了微不足道的小事，她以同学这个团体来取代了另一个团体，那个她与神之间每天充满了爱、敬拜与无比荣光的大团体。 至于她盼望能被接纳这件事，其实世上任何人都不能给她，只有在神悦纳的恩典中才能获得。

我们可能会为更小的事而满足，为了坚持自己是对的取代了友善的；被服侍取代了服侍的快乐；权利胜于品格；拥有资财比拥有属灵的福气更有吸引力；一刻的独立远比长久的互相依存的关系更让人着迷，甚至抢最后一块饼干也比与人共享来得重要。

由此可见，当仇敌用各种诡计使你把个人梦想、要求及日常所需挤进你的生命中时，它就在那些事上抓住了你。它每次都成功地诱惑你舍弃以神为中心的丰富，而选择这个堕落世界。当我们选择了晃动在我们眼前、以自我为中心的浮华时，它就得胜了。它的谎言是："只要你活在以自我为中心的世界里，你就实现了超越。"或是："你如果为自己而活，就能找到终极的喜乐和满足。"

现在你可能说："算了吧！我有足够的属灵智慧来判断这不是真的！"你可能对，但我所讲的争战就发生在懂神学并经常去教会的人身上。那些按时参加聚会的人仍然可能会为微不足道的事卖力。我们在每日生活中时时刻刻都在为小事效力，这些事比超越的荣耀小得太多。日常的琐事，如：衣服、食物、时间表、工作量、地点、交通、天气、谁对谁错、被肯定、钱财、房子、工作、花园、起居室、休闲时间、谁先进厕所、谁动了我的报纸、谁吃光了麦片等等，这些事某个层面上来说都是重要的，但在激烈争执的那一刻，这些事都被升格到了属灵危机的层面。每天我们都会遇到这样的时刻，一天二十四小时都是由这种时刻构成，日复一日、周复一周、年复一年，一个人的品德都是由这些短暂时刻累积起来的。

当小事变成我经常与人争执的大事时，我就已经为那短暂的虚荣而放弃了超越。暂时的满足和快乐维持不了多久，这些都是属灵裂痕。这些小事会在感觉上或属灵上对人产生暂时的冲击，但留下来的不过是空虚，内心仍渴望着下一次的冲击。

这一直是属神子民的挣扎。思想一下以色列人在旷野，什么事让他们想要回埃及去？食物！他们厌烦那称为吗哪的毫无滋味的东西（参考《民数记》十一章）。想想看，神供应的食物的味道居然重要到让他们认为回到埃及更好，他们忘记了那是他们为奴、受死之地。

再思想一下是什么事使得以色列人在西奈山下开始敬拜那可憎的偶像？岂不是为了时间上的安排吗？（参考《出埃及记》三十二章 1 节）摩西待在山上太久了，以色列百姓失去了耐心，他们说："摩西去了太久，我们不知他遭遇到什么事，让我们造些偶像来带领我们。"时间的安排是否重要？当然重要！如果你的领袖长期不在，你怀疑他究竟发生了什么事也理所当然！但当这个合理考虑过度时，它会扭曲人的看法，让人陷入属灵危机。

我们再看基督被人捉拿之前，他与门徒相处的最后一段时间，他是以弥赛亚、大祭司及羔羊的身份与他们一同坐席。在这一刻及那将来受难的一刻，主设立了新约。再没有什么比救赎的时刻更重要的了。然而，路加告诉我们，在这神圣庄严的一刻，门徒居然开始争论谁为大！（参考《路加福音》二十二章 24～30 节）难道地位、能力及被人肯定不重要吗？当然不是！不过这些事一旦上升为更重要的事——例如比进入神国，和宇宙的主同享筵席、坐在他建立的宝座上等更重要时，那还在争论谁更大简直错得离谱了。门徒这时候舍弃了神国超越的荣耀，而去抢夺个人权力、地位这些虚假的荣耀。

再看看加拉太的彼得，他对某些犹太人的恐惧胜过了福音这超越自由的荣耀，而他还被选作这福音的发言人（参考《加拉太书》二章 11～14 节）。一件普通的事，比如别人对我的看法，或是别人对我的反对，都可能上升到如此重要的地步，以至左右我的行为，而不是让那能改变生命的福音恩典所带出的超越荣耀来引领我。

那么，你如何靠超越来行事？你寻求的"多"是什么？检讨一下过去这几个星期，哪些事重要到左右你的决定或塑造你的行为。有正确的神学观，忠心地参加教会的聚会并在基督里服侍，你的生命是否就真正超越了呢？你是否以"少"来换"多"呢？当你要求人家肯定你是正确的时候，你是否为那看似重要其实微小的事效力，而舍弃了你受造的真实人性呢？真实的人性是连于荣耀的，只有在那位荣耀的主身上才有真正的荣耀。

每周有多少琐事会引诱你，使你将生活的空间挤压成只为自己考虑的范围？你甚至缩减了福音荣耀的呼召及应许，以为福音只是让你有个美满的婚姻、有几个还算听话的孩子，并且以为福音是一些让你工作成功的原则而已。难道神不是要给我这些吗？当然是！ 但神是呼召我们进入更丰富之地，他叫我们在他的荣耀里去找到个人的荣耀。 同时，他要我向团体的荣耀、管家的荣耀及真理的荣耀委身。

如果《创世记》第一章是欢迎人进入荣耀，第三章则谈到荣耀被缩减的悲剧。 神造亚当和夏娃，为的是要他们的生命扩张到足以触及神荣耀的国度。 但在那决定性的一刻，他们不仅没有扩展生命的范围，反而使其更加狭隘。 人本来是为向上的超越的丰富而造，却选择了这世上的丰富取代了向上的丰富，这世上的丰富绝对不能成为人生命动力的来源。 在那悲剧性的一刻，亚当和夏娃的世界里，他们自己成了中心，然而为神荣耀而造的人，绝对不可以停留在这样的世界里。 他们不只选择独立，还要取代神的地位，因此失去了所有与神建立关系的机会，从此与超越的荣耀无关。

这是神差他的儿子降世成为救赎主的原因。 他来拯救我们脱离自我并领我们归回他的超越之中。 靠着他的引领，我们蒙拯救而有了神的荣耀，这荣耀成为我们行事为人的中心。 在他的教会中，恢复了群体的荣耀，我们可以建造并参与教会。 因着脱离了崇拜偶像，不再受辖制，他恢复我们管家的荣耀，依照神的呼召来管理受造之物。 因着圣灵的启示，并藉由圣经，神恢复我们进入真理的荣耀，因早在亚当受造时，神就定意让真理的荣耀成为每个人的行事准则。 神救赎的工作何其美好！

然而，神创造又再造的儿女们要学习如何以超越的荣耀来生活，绝非一蹴而就的事。 你我都在这学习过程中，有时我们记得，但多半的时候会忘记。 某些时候，我们确实是倚靠信心、盼望及勇气行事。 有些时候，我们也能持守"大事"，拒绝受摆布去为"小事"劳力。 有时候我们不能接受贬低真实人性的情况，但某些时候，我们会受诱惑去追求那看起来更大、其实很小的事物。更有的时候，神的恩典已经提升我们触及到荣耀，但我们还会将生活减缩到为自己而活的范围。

停下来看看自己，你会发现有很多事让你挣扎，有的发生在家庭及友情中，也有的发生在工作和休闲时，在你的职位、财物及权力上也都显而易见。 不错，这些事甚至发生在你所参与的属基督的事务中。 本书要在这许多的挣扎中提供帮助，让你更清楚明白为大事而活的真谛，并且迎接你进入具有影响力的生命。 你我都是为超越的荣耀而造。 生命中的一个大问题是： 你每天是为哪一种荣耀而活？

哪一件"小事"

抓住了你的注意力？

Q

你是否想要成为……神？

第 **3** 章

天大的灾难

自治：一种独立、自由并以自我为中心的特质或状况

因为罪毁坏了万物，

神呼召我们去关顾万物。

每一次听到母亲上楼，我们都非常紧张。 我们知道她来的目的，是要检查卧室是否干净、整齐。 我们赶紧收拾，但从来没有在她踏进房门前收好一屋子的脏乱。 每次在她进来前，哥哥马克和我才急忙把成堆东西全塞进床底。 不过想骗过母亲谈何容易！房间的脏乱肯定会令她大发雷霆，她最受不了我们把东西一股脑儿塞到床底下，而我们也最恨听到她咆哮："这房间简直像一场大灾难！"我们知道，若不赶紧收拾这一团混乱，接下来就别想出门了。

亚当和夏娃舍弃了以神为中心的超越，去接受蛇所给的虚假期盼和以自我为中心的超越，结果带来极大的灾难，你我在每日生活中仍然不断经历这灾难造成的后果。 伊甸园里发生的事才真是有

史以来最大的灾难，这灾难不仅难以描述，甚至可以说：从亚当和夏娃堕落之后，整个宇宙都与他们一起堕落了！人无处可逃，也找不到避难所容身。没有一处不受到这灾难波及，没有一地不被它摧毁。因为人一瞬间的不顺服和窃取神的荣耀，罪就破坏了整个宇宙。这才是极大的灾难。

什么是超越的美

神创造的艺术真是妙不可言，是超越之美。这美从受造世界及所有被他安置其上的万物彰显出来。各色鲜艳的花朵覆盖着绵延的山丘，那里没有象鼻虫啃食叶子，也没有害虫在花中传染疾病。泥土里更是充满生命所需的养分，看不到任何荆棘、刺蓟及野草。树上结满了赏心悦目、香甜丰硕的果子，没有虫害、污染的威胁。自然界蓬勃生长、百花齐放，没有丝毫挣扎痛苦。放眼望去，全地都覆盖着完美无瑕的景象。

动物们一起嬉戏、觅食、繁衍，既不怕其他动物的捕捉，也毋需对抗任何疾病。动物的国度呈现出一种令人惊异、变化万千的美，它们在地上和平共生。

人们彼此欢喜快乐地相聚在一起，毫无羞愧。地上没有偷盗、虚谎、欺骗、凶恶、强暴、复仇、淫行、破碎的家庭或腐败的政府。人们也不会忧郁、焦虑、失落、悔恨、愤怒、无奈、恐惧、成瘾、愧疚、孤独、无望或猜疑。既不会有人受伤、生病、老迈，也不需要去医院看护病人，目送亲人离世。 不需要求别人饶恕，更不需要挣扎着去饶恕他人。 没有令人失望的婚姻关系，也不会在工作上出问题。

人们会以忠心、爱慕及顺服来敬拜神，他们一方面敬拜创造的主，一方面管理受造之物，而不会倒过来去拜偶像，接受受造之物的管理。 人们不会怀疑神的善良，更不惧怕他的愤怒。 不会有人公开反抗神，连稍微不顺服都没有。 大家都甘心乐意顺服神的话，听从他的智慧。 世上没有败坏的偶像或异教信仰。 没有人抱怨神，神也没有任何理由向他所造之人发怒。 世人热爱神的荣耀，不为自己的荣耀而活。

尽全力去想象吧！ 神所造的这个世界是多么美丽非凡且充满祥和啊！ 这里呈现出的是视觉、听觉所感受到的荣耀，那使无变有的神超越的荣耀。 他的威严与创造力毫无瑕疵、毫无间断地展现在地上： 玫瑰的鲜红、鱼鳞的光彩、鸟儿悦耳的鸣唱、巨岩壮观的色泽、雄狮惊天动地的吼叫、小溪潺潺的流水声及树叶优美的摇曳，各样事物的存在如同一首称颂上帝荣耀的诗歌。

如何估量一场大灾难

你会如何描述一场前所未有的灾难？ 也许《罗马书》八章22节，使徒保罗的说明最能表达："我们知道，一切受造之物一同叹息,劳苦,直到如今。"野草几乎让百合花窒息而死,天空飘浮着烟尘,溪流遭到污染,花果受各样病虫害摧残,受造之物不停地经历痛楚、苦难、劳烦、疾病以及死亡。从前轻松的日子一去不复返,简单之事变得非常复杂,过去白白得来的东西,现在却要付上极大的代价才可得到;以往人们认为是罪大恶极、与神所造世界格格不入的事,今天却成了稀松平常的事。虚谎、仇敌、危险、罪恶、谋杀、疾病、恐惧、憎恨成为这堕落世界中的常用词汇。

人与人之间的和谐开始受到破坏,羞耻、恐惧、内疚、责备、贪婪、嫉妒、争执、伤害让人们的关系成为雷区,完全失去神最初造人的本意。急功近利的人看其他人都是障碍,有些人认为别人都是危险人物,避之唯恐不及。甚至家人间也无法长期和平共处,经常以暴力来解决问题,而这些问题以前从来不存在。在团体生活中更是冲突多于平静。婚姻关系成了争夺控制权的战场,相较于甘心顺服,人们认为孩子的叛逆是更正常的反应。物质变得比人更宝贵,大家都愿意为获得物质而效力。在团体生活中常见人们只顾自己而造成分裂,失去以爱相联的情形。人的话语本该用来表达真诚与爱心,如今却变成泄愤的武器及欺骗的工具,世人和谐相处的妙音被争战的哀歌所取代。

世上最凄惨的事

然而,罪除了使地球及世人遭受严重的浩劫外,还有一个更可

怕的后果。 这个后果超乎想象，极其恐怖，让人难以测透，可以
说是地球上最凄惨的事。 这件事记载于《创世记》三章 8 至 10 节
一段看似非常普通的对话中：

> 天起了凉风，耶和华神在园中行走。那人和他妻子听
> 见神的声音，就藏在园里的树木中，躲避耶和华神的面。耶
> 和华神呼唤那人，对他说："你在哪里？"他说："我在园中听
> 见你的声音，我就害怕；因为我赤身露体，我就藏了。"

多么可悲的时刻啊！ 神创造亚当，是要让他的生命享有神的
荣耀，要让他从与神的亲密关系中建立自己的身份，可以活出有目
的、有意义的人生。 亚当的一言一行、所思所慕都应遵从、顺服
与敬拜造物之主。 可是我们看到他在做什么事呢？ 当**注定要成为
他生命的那一位走近他时，他却因害怕而躲藏起来了！**

这悲惨事件的影响之深远，让人彻底失去原本具有超越性、有
意义、有目的的生命。 躲避创造主，其实就是躲避自己。 亚当做
了一件绝不该做的事，在有意的悖逆中，他看自己的生命不过如
此，没有超越可言。 结果，他对神的反应不再是爱，也不再是欢
欣，而是充满罪疚感及惧怕。 他知道他拒绝了超越的荣耀而选择
了一个替代品。 他要了只有神才该有的荣耀，将生命的界限缩小
到只顾自己的缺乏、需要及欲望。 他活在一个小小的自主世界

里，然而真正的生命却不在那里。 这以自我为中心的小世界无法与神建立关系，所以这里不是有生命的地方，而是死亡所在之处。

多么悲惨！ 亚当和夏娃的受造是为了追求更丰富之事，他们却选择了微不足道的小事。 他们忘了自己是谁，企图在神以外的地方寻找生命，却不知寻找到的都是死亡。

自主权及超越

究竟撒但拿什么来诱惑亚当和夏娃呢？ 它竟有如此吸引力，能牵引他们背离受造的中心主旨。 撒但给他们的是一个**独立的荣耀**——只要踏出去这一步，从此靠自己，就能拥有像神一样的超越。 有一个词说得贴切，就是**自主权**。 撒但说的谎言是："达到真正超越的唯一方法**就是**要有自主权。"（它每天都在你我耳边不断游说。）但这是一个邪恶且残酷的谎言。 寻求自主权所带来的，总是破碎的超越。 舍弃神至高无上的荣耀，得到的不过是自我荣耀暗淡无光的幽暗小屋。《哥林多后书》五章 15 节说得很清楚，人受造不是要为自己而活。 因此，当主耶稣用他的恩典拯救我们时，就将我们从自我的捆绑中释放出来了!

自从伊甸园发生那件可怕的事之后，每个人都会在自主权及超越之间困惑不定。 罪的惯性是朝向我们自己，那正与创造主的方向相反。 我们要清楚一点： 这不只是未信者的问题，基督徒也是一样。 一旦有罪住在我们心中，自主权的意识就要与超越争战。

我们很容易将超越的应许、荣耀及福音的盼望缩小在自己生活的范围内，忘记神已经藉着救恩，把我们从自我建造的小屋中救了出来，并且受邀进入浩瀚、辽阔的神国。有一天，寻求独立自主与寻求超越之间的争战将要止息，我们将进入荣耀，与荣耀永远同住。

直到那日

我有个朋友，他曾雇了一位承包商为他们家盖栋新房子。他的预算有限，只能付给承包商盖房子框架及简单木工的钱，要等搬进"新家"后再慢慢完成内部的装修。我记得他告诉我说："我们为这新房子感恩，但也要提醒自己工作还没完成，我们还是要专心工作直到全部完工才行。"同样的道理，每个人都应该为自己能进入神恩典的家而感恩，也为我们生命的改变而兴奋。我们必须知道神在我们身上的工作还没完成。的确，你我每天在很多方面都需要神来动工：也许是伤人的话语，也许是自私、贪婪，或是坚决不肯认错而去怪罪别人，或是内心欲念与圣经的教导不符，或是在婚姻、亲子关系中有太多冲突，或是在自己工作上、经济上不甘于现状。重点是，这些处处显明神恩典的善工在你我身上还未完成。

正因为如此，我们必须常常注意两件事。

我们一直认为自己的生命不过如此，没有更大的追求

　　我们需要省察一下在哪些方面还是"为自己而活"。或许是在那些令我们兴奋的事上，有时物质带来的兴奋远超过我们与主关系的增长。或许是与人冲突这方面，因为这些人阻碍了我得到渴望已久的东西。或许我们在吃饭和消费的事上会过量。或许想表现自己，总要在言语上"赢别人"，忘记要彼此相亲相爱。或许是我忙得不可开交，只在礼拜天才去一下教会。

　　所有人都面临巨大的试探：错将神的教训及他为我们所成就的事全部缩小到各人生活的各种顾虑里。确实我们会觉得兴奋，因着基督的善工能够帮助我们享受更美的婚姻生活、成为他人更好的朋友、有更好的亲子关系、在工作上更加勤奋。 当我们处理自己心的问题，相应的生活领域的确会有所长进。 但是神有更高的呼召，他要你的思想越过你个人生活的范围。 你知道，当神凭着他的恩典进入我们的生命时，他不是要让我们的国度成功运转，而是要叫我们因他那更大的国度受到激励，甘心乐意向神献上自己。

　　大多数人都会扬声赞美我们能有份于神伟大且荣耀的工作，但实际我们在意的还是那些并未直接向我们托付的小事。 这样行，其实是将我们的自主性穿上基督徒的外衣。 本质上，我们是要求神的认可，允许我们将超越的荣耀缩减到我们切身的问题上。 虽然我们很想活在神的国度之内，实际上却是在制造自我中心的生活。 我们很有可能将基督信仰变得狭隘、自私而不自知。

切记人的堕落是世上最大的灾难

毋庸置疑，罪给神的创造带来难以想象的破坏，影响既深且远。 你也许奇怪为什么要强调记住世界堕落的普遍性。 这是必须的，因为只有当你记住罪的恶果是如此之大，你才能照着神呼召你的方式来生活。 依照神的旨意生活的原因是： 罪的毁坏怎样遍及所有受造之物，救赎的范围也要如此宽广。 因此，神呼召我们用恢复受造的心态来度日。

神的国究竟是什么？ 神叫我过的新生命又是什么？ 成为神的儿女，什么才是我生命的意义和应当专注的新目的？ 我们基督徒在这世上究竟要做些什么事呢？

神呼召我们要脱离那种独立自主、以自我为中心的生活方式，重新过一种超越的生活。 那就是说，在神给我的环境、地点及关系上随时随地以恢复神国为念。 神救赎的目的是什么？ 有句话反复写在圣经的最后两章，就是神坐在宝座上说：*"看哪！我将一切都更新了！"*（《启示录》二十一章 5 节上）《罗马书》八章 18 至 24 节描述受造之物一同叹息，等候得赎的日子。 如果神的荣耀显在受造之物上，如果罪的果效也遍及所有受造之物，如果救赎的目标是要恢复所有的受造之物，那么，你我要关心的是什么？ —— **一切受造之物！**

你不该只为罪破坏了你的生活而难过，你对罪的哀痛要远及罪所到之处。 神恢复之恩带给你的欢乐应该超过你个人在生活上经历过的祝福。 确实，你的欢乐要如恢复之工那么开阔。 神的恩典的确希望拓展你的思想，让你为大事而活。 神也希望你每日都能积极经历他救赎的丰盛。 他的救恩能帮助你拓展你思想的方式，不再只是关切自己的生活。 他呼召你从自己的小王国里走出来，赐给你才能、天赋、资源及时间来关注那比天还大的国度。

作为神的儿女，每天早晨你一睡醒就进入那伟大的国度。 这个国度在创世以前就已设定，并要延续到永恒。 国度的范围包括所有已知及未知之地、每种景况、每一个人及一切受造之物。 国度的目标在于修复所有因堕落带来的伤害。 你不能再为自己而活。 恩典引领你进入更美好、更丰盛之地，恩典也呼召你按照奇妙救赎之工来度日。 正如圣诞诗歌《普世欢腾》中所宣告的："普世咒诅变恩典，主爱恩泽及四方。"

这就是问题所在，我们常因个人蒙受救恩而兴奋不已，却没看到救赎的更大目的。 能得到个人的救恩确实是件奇妙的事，配得我们普世欢庆，但救赎并非要让我们个人的国度成功，而是要迎接我们进入那更美、更大的国度。

吉姆·柯林斯（Jim Collins）在他所写的那本商业管理畅销书《从优秀到卓越》（*Good to Great*）中提出惊人的发现：

> 优秀是卓越之敌，这是为什么只有少数人能成为伟人。
> 我们之所以没有卓越的学校，主要是因为我们有许多优秀

的学校；我们之所以没有卓越的政府，主要是因为我们有优秀的政府。只有少数人拥有了不起的一生，大部分是因为我们很安于过个还不错的人生。

柯林斯的观察非常重要！ 许多人在跟随主的道路上正是如此，你安于以自我为中心的舒适生活，享受着恩典带给你的婚姻生活、亲子关系、友谊及你的工作，却很容易忘记： 你从败坏中被拯救出来，不只是要成为美好的一分子，更要成为卓越的一分子。

你被拣选是为了**超越**——越过你自己的盼望及梦想，越过你自我的计划及目的，也要越过你自己的家庭及朋友的界限。 被拣选是要你超越自己对荣耀的定义而进入更高超的荣耀，那就是神的荣耀和他使万物更新的工作。

你是否还安逸于小事上？ 置身于罪带来的极大灾难中，你是否只求达到优秀，而忽略了你被拣选的目的是为了超越？

挑战巅峰

你是否轻看神的恩典，

认为恩典只关系到你个人的生活琐事？

Q

你是否想为自己建造国度？

第 **4** 章

欢迎来到我的小王国

国度：由单一事件掌控的范围或领域

生活就是神的国

与我们自己小王国之间的争战。

　　有一种玩具叫拼图城，那是我二儿子伊桑的小王国。 伊桑从小就是我们家的艺术家及梦想家，他不仅活在自己的小世界里，这个小世界还是他建的。 当他发现这个拼图城时，就像找到了他梦寐以求的一切。 拼图城是一种立体的建筑玩具，可以让小孩子用房子、店铺、花园等来搭建一个小小世界。 一霎时，他就成了自己王国的主人及制造者。 这个小世界能符合他的要求，满足他的愿望。 他可以在"伊桑的王国"里玩很久而忘了时间，欢喜地自居为王、为主。

　　伊桑现在已是一个大人了，拼图城也早已束之高阁。 但是我猜伊桑对建造王国的欲望还在，你我同样也有这种欲望，因为我们都是建造国度的人，问题在于我们究竟是为谁的国度忙碌？

让我带你再回到伊甸园，在蛇与夏娃迂回的对话中，它正向她推销一个"更美"的国度。她在这个国度里可以坐在宝座上，一切都听凭她的意愿及选择来定案。撒但说它要给夏娃的是更大、更美的国度，实际上它给的是小之又小的国度。

自从那决定性的一天，个人的生命和历史就被国度间的争战所塑造。小国与大国争战，世界的国度与天上的国度争战，人的国度与神的国度争战。凡事都处于争战当中，无论是你的意图、决定、思想、话语、欲望及行为，背后都有争战。人们所做的一切都是为了在这些国度中的某一个上可以成功，我们的心成为无休无止的战场。我们原是为那伟大的国度而活，然而，罪扭曲了我们效忠的对象，使得我们太专注在自己所建造的小王国上，心眼受到蒙蔽，以致看不到那伟大国度超越的荣耀，还相信我们那小王国拥有的虚幻荣耀才是最好的。

问题在于我们从来不以国度的角度去思考。每天早晨，你会毫不思索地起床上班，或是帮孩子准备好上学，或是到外面去遛狗，或是看报。我们没有准备先搞清楚生活的目的或明确效忠的对象。这就是我们为什么会遭遇困难的原因。我们会将圣经上的应许下意识地降格成为私人的期盼，以为神的恩典是用来确保我自己国度的成功。圣经上的诸般应许都是神的邀请函，要我们积极参与神那更大更美的国度。你要在哪儿寻求这个大国度的异象呢？就在你寻求自己小国度的地点，就在你所居住的地方及每天的工作里。

财宝与百合花

活在小王国里到底是怎么回事？ 耶稣在《马太福音》六章 19 至 34 节作了精辟的阐述。

> 不要为自己积攒财宝在地上，地上有虫子咬，能锈坏，也有贼挖窟窿来偷。只要积攒财宝在天上，天上没有虫子咬，不能锈坏，也没有贼挖窟窿来偷。因为你的财宝在哪里，你的心也在那里。
>
> 眼睛就是身上的灯。你的眼睛若明亮，全身就光明。你的眼睛若昏花，全身就黑暗，你里头的光若黑暗了，那黑暗是何等大呢！
>
> 一个人不能侍奉两个主。不是恶这个爱那个，就是重这个轻那个。你们不能又侍奉神，又侍奉玛门。
>
> 所以我告诉你们，不要为生命忧虑，吃什么，喝什么，为身体忧虑穿什么。生命不胜于饮食吗？ 身体不胜于衣裳吗？你们看那天上的飞鸟，也不种，也不收，也不积蓄在仓里，你们的天父尚且养活它，你们不比飞鸟贵重得多吗？ 你们哪一个能用思虑，使寿数多加一刻呢？
>
> 何必为衣裳忧虑呢？ 你想野地里的百合花，怎么长起

来，它也不劳苦，也不纺线，然而我告诉你们，就是所罗门极荣华的时候，他所穿戴的，还不如这花一朵呢。你们这小信的人哪！野地里的草，今天还在，明天就丢在炉里，神还给它这样的妆饰，何况你们呢？所以不要忧虑说，吃什么？喝什么？穿什么？这都是外邦人所求的，你们需用的这一切东西，你们的天父是知道的。你们要先求他的国和他的义，这些东西都要加给你们了。所以不要为明天忧虑，因为明天自有明天的忧虑，一天的难处一天当就够了。

　　活在小王国里的人为两件事奔忙。 第一，他们追逐属世的财宝（19～24 节），这里对了解财宝的概念很有帮助。 财宝指的是所有财产。 世人都是寻宝的人，基督在这里的教导如此真实，是因为我们都在寻找某种珍宝。 也许对某些人而言最有价值的是爱情，对另一些人最有价值的是权力。 或者有人认为拥有事业、奢华的生活、特殊的经历才最有价值，还有些人认为教养出成功的孩子及婚姻幸福才最宝贵。 我们都为珍宝劳力，只是我们寻求的珍宝不同而已。

　　基督知道每个人都在寻找珍宝，所以他告诫人不要追寻今生可见的财宝。 他警告我们不要将我们生命中的恩赐、才干、时间、资源及精力浪费在世上那些短暂、永远不能让人满足的珍宝上。 但可怕的是这些"珍宝"如此强烈地吸引人。 我从来没有一早醒来说：“我要让工作成为我生命中唯一的珍宝。”但事实却是如此。 我从来没有说过：“今天我要让某一个人来决定我的身份、意义及目标。”但是对某一个人的爱情竟成了我的珍宝。 我也从来没说过：“我要从我所拥有的家产中找到所有的快乐。”我却每天为物质而活。 虽然我从来不曾刻意决定要让这些事要成为我的珍宝，但我却受到属世价值观的诱导和辖制。 我未曾说过：“我要靠着我生命中所拥有最昂贵的物质来使我有权有势。”但实情却是如此。 我也从未说过：“我儿女的成就要成为我生命中的至宝。”然而事实证明，一切就是如此。

基督这极为重要的教导，是要我们默想，若一个人将生命投资在追逐错误的珍宝上是多么可悲的事。 他也欢迎我们谦卑地自我省察： 我们正热切追寻的珍宝是什么？ 我们被造不是要我们因着地上王国此时此刻的珍宝而满足。 神造我们，为的是要我们去寻求更好的珍宝，如此行，方能带给我们永远的感恩及满足。

问问自己： 什么事使你有欢畅的一天？ 什么事常使你心满意足？ 什么事让你觉得生命有意义、有目标？ 你忠心寻求哪些事？ 一旦你得着这些，你会有什么感受？ 如果我看你去年生活的录像，我会看到你追寻什么样的珍宝呢？

活在小王国里的第二个特征就是**为需要而忧虑地活着**（25～34节）。 基督说了一些相当激进的话。 他指出人不能降低他的生命的意义到保证一切需要都能得到满足的地步。 然后又说：“你们的生命比这些更重要！"我的被造不是要将我的生命缩减到为我的需求而活。 如果你如此过活，就大大降低了你的人性。 真正的人性是在与神相交和与众人相交上存敬虔的心，如果我的眼目只专注在自己的需求上，我就不能经历真正的人性。

只顾自己需要的生活带来的是焦虑及恐惧。 矛盾在于我要保证我的需求都能得到满足，而我又不能掌控所有的事。 假如我是一位农夫，我不能控制天气；为人父母，我不能控制儿女的心；身为丈夫或是妻子，我不能控制配偶的感情；认真工作，我不能控制经济情况；关心朋友，我不能决定别人是否接受我，也没有能力选择谁作我的邻居；作好公民，我也不能控制国家的权力。 如果我将自我需求得到满足这件事看成是生活重心的话，我就会永远处在忧虑与挣扎中，因我知道我的掌控能力是何等的渺小。

还要提的一件事，就是**需求的扩张力**。 我越注重我的需要，生活所需要的东西就越多。 我越为满足需求而活，使需求成为我关心的一切，我需求的反倒更增加。 请注意听听人们平常对"需求"的使用方式，你会发现我们认为很需要的东西，事实上对生命一点都不重要。 你可能不"需要"吃一顿大餐，不"需要"加薪，不"需要"那个新房子，不"需要"某人的爱，不"需要"升上你渴望的位子，不"需要"为自己的名誉辩护，不"需要"同学的认可。 只是当你太专注于自己的需求时，许多欲望就顿时成为你的需要。

找出小王国

当法利赛人询问耶稣神的国几时来到时，路加记下主的回答："神的国来到不是眼所能见。人也不得说：'看哪，在这里！看哪，在那里！'因为神的国就在你们心里。"(参考《路加福音》十七章 20～21 节)如同神伟大的国度，小王国也不是指一个地点，乃是指心的归属。正因它是心的归属，所以无论我在哪里，这个小王国也在那里。我的心若是受属地的珍宝及被忧虑缠裹的需要所控制，那么，寻找个人的珍宝及满足个人的需要就会影响我对生命中每件事情的反应。

在为人处事上，我会为自己的财富效力，确定我自己的需要能得到满足；在工作上，我也只顾赚得自己需要的财富；在教会事工上，我依然是寻找我的珍宝及满足。活在小王国里寻求珍宝及满足的做法决定了我处理所有事情的心态，这种做法也决定了我对生命的感受。如果我与某人的友谊满足我被人接纳的渴望，我就认为这段友谊有趣且令人满意，否则，我就觉得灰心、恐惧、焦虑、生气、不满意。如果我的工资满足我的需要，我就会喜欢我的工作，并且尽心竭力投入工作。否则的话，我对我的工作就会悲观，没有热情。

小王国其实是一种生活方式，这种生活方式决定我们如何看待神允许发生在我们身上的事。小王国的生活方式使我们无止境地追寻属地的珍宝，并且不断专注在自己的需要上。可悲的是我将原本该享受的超越生命压缩成自己欲望及需求的尺寸。这个小王国容不下神和其他人在内；我原是为了宏伟之事而造，为了比我生命更大的国度而造，而这个小王国最终会将我的人性完全摧毁。

当然，我仍然在工作，仍然保有我的人际关系。我还是上教会，并且参与各种事工。我过着奉献及服侍他人的日子。但是不论我看起来多么注重关系或多么活跃，这一切都靠我自己，也为我自己。这就是我的小王国，外表看起来是为团体生活，其实在这里，只容得下我一个人。不论我身在何处、做什么事，如果没有我所寻求的东西，我就不会继续参与。小王国永远只是一个人的国度。

为什么小王国如此吸引人？

小王国之所以吸引人，是因为你自己永远是一切的中心。 小王国有办法吸引罪人，因为罪使我们都成为以自我为中心的人。罪的遗传基因（DNA）就是自私。 罪说一切都要用我自己的方法，要依照我自己的作法和我自己的时间。 所以，罪的惯性是要人远离其他人且专注于自己。 罪在伊甸园的果树旁，它也在雅各的欺骗、亚干的窃取、扫罗的悖逆、押沙龙的背叛、尼布甲尼撒的骄傲、彼得三次不认主及犹大的卖主之中。 即使还不会说话的婴孩，生气时也会身体打挺；幼儿园的小朋友在学校嘲笑别人，只因为他的午餐比较好。 罪使青少年之间的关系变得难以捉摸，比如我因在杂货店被你挡在前面而生气，或是因你把我计划要吃的早餐吃掉而生气。 罪使我们一切行事要照自己的方法——自私自利的方法。

蛇在伊甸园里的推销技俩是，"你可以照你自己的方法！你只要做……就好了。"对罪人来说，这是最诱惑人的话，在我们内心深处都有这种私欲——照我自己的方法。救赎主来到世上，就是要将我们从这种情况下拯救出来。耶稣来，要拯救我们脱离自己狭窄有限的小王国，并且靠着他的恩典，进入更好的天国荣耀里。然而，沐浴在他恩典之中，我却仍然利用他智慧的法则及恩惠的应许去为我的小王国工作。你很难将神国那有广大异象的生活方式，压缩到自我王国的小范围里。这样做绝对不合适。

记念天父并且为大事而活

我的事工经历过一段非常困难的时期，我甚至不敢相信自己是怎么度过的。我是一所基督教学校的创办人之一，我在那儿教书；我也是一位牧师，但没有额外的薪水。八年来，我还身兼校长及董事会主席。我的孩子上这所学校，我缴了他们所有的学费。但某个晚上发生了一件让我震惊的事，大家投票罢免我的职位，我不再能影响这所学校，而它对我和我的事工都是极宝贵的。

那天晚上我开车回家，不能明白所发生的事。晚上我和妻子分享这件可怕的事时，几乎讲不出话来。第二天清早，那些引发这行动的几张面孔不停地在我脑中出现，我决定得做些什么事，好好为自己奋战一场……直到我和我的兄弟泰德通了电话。 他说：
"保罗，发生这件事我很难过，但是你准备做什么？ 逐一去和那
些领袖，还有那些投你反对票的人谈话吗？ 一直谈到他们认错为
止吗？ 你觉得这么做要花多长的时间？ 这段时间神给你的其他事
工怎么办？"

他继续说："我知道你很难面对所发生的事，但是那所学校不
是你的，它属于主，他会为学校决定他所要做的事。 你不是为自
己建立国度，而是他要用你参与在神国的建造里。 我建议你每天
起来做神呼召你去做的事，尽力服侍学校，服侍他人，将神国的安
危交在神的手中。"

他的话语虽然温和，却深深刺痛我的心。 的确，不知不觉中
它成了我的学校。 我的存在、我的异象才算数，我将基督信仰教
育的伟大国度异象挤入我保罗·区普有限的小国度之内。 我不禁
要谦卑地承认，我难过不是为了学校的益处，而是因为他们居然罢
免了我的职务！ 不错，我是被人误会，但是我对误会的反应能显
示我内心的感受。 这两个国度不仅彼此相争，我也将它们混为一
谈，以为自己是为伟大的国度工作，但其实是为了满足我小王国的
异象。 在伤心痛苦中，神在我的小隔间上敲了一个洞，从洞里伸
进他的恩手将我拉了出来。

《马太福音》六章结尾提到了关键点，倒数第二节说："但你
们要先求他的国和他的义，这些东西都要加给你们了。"(33 节)"但"

这个字是个邀请，让我们采取新的生活方式。 老旧的生活方式靠什么来驱动？ 是靠属地的珍宝及用忧虑包装起来的需要来驱动。老旧的生活方式是要我们忘记神及他绝不动摇的承诺，忘记神承诺赐给他的儿女行神国工作时的一切所需。 凡事只专注于自己而忘记了天父，就永远不会有好结果。

新的生活方式是要靠我们专注于神伟大国度目标的超越的荣耀来驱动。 这些目标贯穿整个历史，涵盖所有被造之物，绝不可能被塞进我们微小国度的狭窄范围内。 驱动新的生活方式也在于我们每天承认自己的软弱，并且欢喜地安息于父神信实的供应。

父神邀请我们进入的是： 每天清晨醒来，因我们天父慈爱的供应而有安宁的喜乐，同时醉心于被纳入神国超越的喜乐。 享受诸般的荣耀，那是我们在只有一人的小王国中所不可能经历到的。你受造并且被呼召是要过这超越的生活。 为什么你要缩进自己微小有限的王国里呢？

挑战巅峰

那些属地的珍宝

及被忧虑缠裹的需要，

是否控制了你和你对生活的回应？

Q

你发现自己的文明了吗？

第 **5** 章

发现你的文明

文明：在特定地点及时间内发展出的特定文化或社团

你我都会受到某种文化的同化，

或是用某种文化同化他人。

"探索频道"曾经播放过一个特别节目。 节目中，考古学家在为记录在历史中的某次战争收集资料，但一直找不到实际的证据。 当他们开始挖掘时，立刻发现与历史记载冲突的迹象。 他们先是因如此轻易且迅速的发现而雀跃，但越挖掘就越迷惑。 因为越仔细查看挖掘物，就越肯定这里不是他们要找的古战场。 现在，他们真的开始兴奋起来。 因为他们对眼前的发现一无所知。

这探索到新事物的惊喜深深吸引了他们。 或许他们正遇见前所未现的古文明，他们没有意识到，他们即将发现的将永远改变世界对这片地域的历史的认识。 他们没有证实战场的理论，却发现了一个新的文明！

这就是我在这一章中要对你说的事。 我要带你去一个考古挖掘场，看一看罪人心中的文明。 我想我们去查看一下那里的"陶瓷碎片"。 让我们用手去握着人心这一"古器物"，用我们的眼睛去检验它。

超过你所想象的文明

上一章提到我们每个人都是建造王国的人，换句话说，我们都是文明人，都在营造某种文明或社团。 我们不是花精力建造自己的文化，就是欢喜参与神国文化的建造。 我们每天都按着蓝图、律法、政策、结构、计划、政治、关系、目标，以及某种文化的运作来塑造自己，无人例外。 你我随时都受到某个国家的"文明同化"或正在教别人学习这种文化。

当一家人在路上塞车时，生气的父亲咒骂那些挡在前面的人，这时孩子学到一种文明，教他们在生活上如何去思考并反应。

当一个青少年为了在同学中获得某种地位，就去戏弄另一位同学，这时他在教他的受害者戏弄的文明。

当一位母亲慈祥地教导孩子彼此之间如何和平相处时，孩子在接受文明。

当一位妻子因寻求物质享受而使家庭负债累累，她是在教导丈夫一种文明。

当一位牧师在向会众讲明神超越的荣耀，他在向他的听众传递文明。

　　我们都在尽力营造某种文明，并将这种文明的规则及价值向人表明。 让我来举个简单的例子。

　　假设有位母亲，她认为拥有昂贵的物质生活是她个人王国的最高目标，她的儿子经过多年耳濡目染，学会他母亲物质王国的种种规则。 他卧室的布置就像是个展览馆，他知道绝不可以穿鞋走在原木地板上，他学会了要洗车，即使车子一点都不脏。 他学会不能随便邀请朋友到家里来，除非早早就通知过母亲。 他知道厨房要保持干净，就像从来没人用过一样。 还有他要随时穿着整齐，像是刚从 GAP 服装广告中走下来一样。

　　这些规则没有一条是明文规定的，却成为这个家庭的文化标准。 你看，这个年轻人受他母亲小王国里各种规定的潜移默化的影响。 现在他碰到一个难题，他刚向母亲承认他刮坏了她的新车，一时紧张，又将手上的可乐洒在她刚买的白沙发上。 在她母亲的小王国里，这样的事是绝不允许的，这时他落入母亲愤怒的网罗当中。

　　我们不仅营造那微小且让人窒息的王国，还要求身边的人遵守我们王国里的各样规则，好让旁人适应我们。

　　一个订了婚的女子当未婚夫没有恭维她时，她以沉默对抗，藉此让未婚夫适应她王国里的规则，经过四五次的沉默，他不但学会这些规则也知道必须遵行。

　　一位父亲看报时希望家里平和安静，藉着发怒让家人适应他的文化，没多久，当他们看见父亲手上拿起报纸时，就会用脚尖来走路。

一位上司为追求自己的成功而设下奖惩制度，使得部属学习他王国的文化，不久，这些部属被他同化，知道要照他的要求行。

一个初中生能藉着穿戴让其他同学知道他的文化，他们会嘲笑那些穿着不入流的人，于是被嘲笑的人很快就学到规则，他不再要母亲买衣服，并决定今后只穿那些很"酷"的衣服。

每一个例子中，人们都受到另一种文明的同化——就是去学习他人小王国的规则，并且知道如果不照着做，就会发生某种后果。我们每个人都想要旁人服务于我们的王国。我们都在营造某种文明，并要求旁人适应这种文明。

盲目与困惑

一直以来，我们都在思量一个问题，就是影响我们生命国度塑造的事，其实都是生活琐事。你的国度是你的居所，它总是为了不重要的小事而营造。人们绝不会对另一个人说："我在为自己建造一个王国，你若要与我建立关系，就得遵照这个王国的规矩。"也没有人会说："我决定离弃神国的荣耀，我要去追求自己王国的荣耀。"然而，人因罪而盲目，我们总是注意微小的事件，下意识在建造我们的国度。还有因为我们定义属灵道德时，并非让主掌管我们的心，而是将其视为一套规则，所以没有注意到国度之间的冲突。 结果就是，我的生活方式建立于神国的律与自己的王国规则混淆的模糊地带。

在家中，父亲不仅因神的律被破坏而生气，也为自己的规则被破坏而发怒。 母亲不止致力于帮助孩子将神的标准植入内心，还希望他们将她的文明也纳入心中。 孩子从切身经历中学到： 破坏神国规则的结果和破坏小王国的规则一样，有时破坏后者引起的注意力还更大。 因着现今基督徒家庭忙碌的时间表，这两个国度的规定互相混淆，有时很难区分哪一条该属于哪个国度。 我们说要侍奉神，但另一个文明却控制了我们的想法、决定及行动。

究竟哪一个是我们该建造的国度，我们很容易感到困惑。 我们说要接纳超越，但实际上，在每天的生活中，我们只关心自己。我们并没有背弃信仰，但我们在生活中真正建造的，是只能容纳一人的国度。

自我文明的特征

我们企图让别人适应我们国度的文化，因为这种企图具有难以捉摸的欺骗性，所以，认出我们小国度的样子十分重要。 我们都自称是为神而活，但可悲的是，我们大多数人的生活实际上都是介于两个国度之间。 我们能用小王国的动机（被他人尊重及接纳）来行神伟大国度的事（服侍他人）。 或者可以同时营造两个国度

（我一方面服侍你，一方面告诉你： 因你对我做的某件事让我不高兴）。 我们一定要记得，罪的惯性总是把我们拉离神伟大的国度，而趋向渺小的国度。 这两个国度之间的冲突其实是争战中的争战，就是所谓的属灵争战。

问题在于，最大的争战往往发生在微不足道的小事上，所以常常被人忽略。 很可能许多属神的人并不自知，他在属灵上不过是个行尸走肉。 我们可能嘴上承认自己忠于神伟大的国度，但在每天大小事的选择上，其实是在为个人的小王国而争战。 所以，辨明小王国的特征极为重要。 让我列出以下这些特征并作解释。

专顾自己

我们一直都在讨论这件事，小王国是只能容纳一个人的国度，由个人的欲望及需求来驱动这个国度。 它的眼目永远只看自己，它的规则取决于什么事对我最好，它照自己的需要及希望安排人际关系和活动，秉持"这件事对我有什么好处"的态势去面对生命的各个层面： 如果你帮我得到需要的东西，我就喜欢你；如果你挡在我前面阻碍了我，我会因此对你发怒且要你难堪。 我可能会说自己是个敬畏神的人，但其实我是坐在自己的小宇宙当中。 小王国里最有影响力的焦点就是自己。 什么对我"最好"成了只容一人的宇宙定律。 究竟是谁的"好处"驱使你每天的对话、决定及行动呢？

自以为义

只有当我专注于神的圣洁与荣耀时，才能正确看清自己。自以为义使我看不清自己的本相，很容易只看见别人的罪，而看不见自己的罪。我对别人生气，不是因为他们犯罪，而是因为他们的罪阻碍了我得到本该属于我的东西。没有任何人对我的生命更具影响力，我对自己说的一切才是最重要的。这小王国由我内心的自说自话来掌控，而不是靠神的启示，他绝不鼓励谦卑自己，也不会对自己有正确的看法。相反的，对自己的看法受两件事影响：一是强调自己的义（"我做这件事是为了别人"），其次是说谎掩饰我的罪（"我不是说闲话，只是认为他们该知道这事且为这事祷告"）。真可怕，你在礼拜天唱诗赞美神，在周间却以自我拯救的方式过活，让你的良心能接受你所做的一切事。**当你处理日常琐事时，是谁的义给你勇气和盼望呢？**

自我满足

小王国最大的问题是"我是不是满意我的生活？"我父亲以前会说："这件事真要让我发疯了！"他实际上是说："我不满意这件事，你最好处理一下！"我要提醒你，不满意的事每天都会发生，小王国的大问题并不是："神是否因我的生活得尊崇？"也不是："我是否靠着他的恩典，在生活中达到神的目标并照着他的设计去行呢？"小王国绝不会问："我是否爱神远超一切？ 我是否爱邻舍如己?"不，小王国只问一个问题："我自己及我的生活是否让我满意?"如果我对自己满意，那么在这小王国一切都完美了。**你到底是要讨谁的满意呢?**

自我倚靠

　　小王国的文化不是与神、与人谦和相交的文化。在这个国度里，我们和他人在属灵上没有彼此互赖的需要，自以为义的人容易自我倚靠，到了一个地步，甚至确信自己是公义的，我不再需要神和其他人。在这个一人的国度里，我为自己的目标而活，一切靠自己。一个人的国度强调的是强悍并掌控一切，这个国度里没有属灵软弱、贫困及恩典这样的事。**你是否过着每日与神、与人谦和相交的生活，承认你有需要，并且寻求帮助?**

独断专行

　　小王国里最高的法律就是自定的法律。我若为自己活，就能完全发号施令。我制定一切标准，用这些标准来评估自己并裁定别人。在这国度内，最高的道德标准就是**我决定自己的需要，我决定想要的经历**。　在这里我只爱我为自己定下的最好的计划。　**在你的生活和人际关系中，谁的规则得到了最多的关注和最快的反应?**

自我夸耀

　　每天这两个国度之间的争战都是一场荣耀的争夺战。我们的心要让这个世界的荣耀来掌管？还是名符其实地由神的荣耀来掌管呢？身为罪人的我们不由自主地追寻我们自己所定的荣耀。我们经常用参与教会的活动及表面的神学信仰来装饰自己，其实我们是为自己的荣耀而活。到底是谁的荣耀激励着你的言行举止？

等一等，这里有位勇士！

确实，有恩典赐下帮助我们打这场属灵争战！靠着耶稣及他所行的一切事，神给了你我丰富的供应来面对两个国度间的争战。他的恩典将你那自我满足的国度敲了一个洞，藉着救赎的爱伸手将你从中拉出来，并且神会一次又一次地拯救你。正如保罗所说："他救了我们脱离黑暗的权势，把我们迁到他爱子的国里，我们在爱子里得蒙救赎，罪过得以赦免。"(《歌罗西书》一章 13～14 节)让我们来看看神为这争战所赐的恩典：

基督在十字架上打破了小王国的权势(参见《罗马书》六章 1～14 节)

成为神的儿女就不再受小王国权势的控制。我们从自我监禁中得着释放。过去，我们只能以专注于自我的方式来恋慕、思想、说话及行动，如今恩典断开了奴仆的辖制，迎接我们进入崭新且更美的生活方式。基督忍受了极大的苦难被钉十字架，不只确保你与他将来同在永生里，更是要你此刻过一个超越的生活，超过你现在所谓的快乐生活。十字架粉碎了受造之物虚假的权势与荣耀，这权势一直辖制你的心，十字架释放你的心归向只有神才有的超越的荣耀。的确，你能逃离那小文明毫无意义的捆绑，而每天生活在神国的广大穹苍之下。

基督在十字架上偿清了你所有自私的恋慕、思想、话语及行动的罪债

你不用再惧怕将承担你自私的罪。你不需要再粉饰你的思想及动机。你不需要怪罪别人或自我掩饰来隐瞒自己的罪行。你不需要有悔过或补偿的行为来让自己好过一些。你不需要找些经文安慰自己，让自己的良心过得去。因为基督已经为我们偿清了一切罪债。

保罗说："神赦免了你们一切的过犯，……又涂抹了在律例上所写、攻击我们、有碍于我们的字据，把它撤去，钉在十字架上。"（《歌罗西书》二章 13～14 节）身为神的儿女，你一切自我的悖逆及独断专行的罪都被赦免了。你在爱神及爱邻舍如自己这些事上亏欠的罪债也全部被免除了。你不需要再躲藏着过活。赦罪之恩欢迎你脱离黑暗，使你肩上的抗拒、罪恶感、恐惧、羞耻的重担完全卸下。你受邀来承认自己的罪并接受赦免。

基督在十字架上为你赢得能力，使你能够顺服

虽然小王国辖制你心的力量已受到破坏，但是小王国的思想及恋慕仍然存在。所以，十字架为你赢得你每日所需的能力。保罗说：

"既将一切执政的、掌权的掳来，明显给众人看，就仗着十字架夸胜。"（《歌罗西书》二章 15 节）你能站稳并向小王国里那些自我专注的事说："不!"在那一刻，不论是在工作中、家庭中、与邻居的围墙间、与朋友的相交中，或在管教孩子的事上、与配偶的讨论中，都不再靠着你独自一人的力量。

神所赐的能力超出你的想象！听听保罗向以弗所信徒所说的话："神能照着运行在我们心里的大能大力充充足足地成就一切，超过我们所求所想的。"（《以弗所书》三章 20 节）耶稣基督钉十字架的结果之一就是圣灵的恩赐。请思想一下，满有权能与荣耀的神竟然住在你里面。正因如此，即使在这堕落的世界面临强烈的诱惑，你仍然能成为他呼召你要成为的人，并且做他要你去做的事。他的权能毫无止境，全心倚靠他，你能为神伟大的国度而活，因为他在你心里确保你的潜能常存。

基督在十字架上保证你内心国度的争战将止息

有一天平安将临到，并且存到永永远远！有一天，你不再受邪恶、虚谎等仇敌的引诱及欺骗；有一天，你的生命不再是战场；有一天，你不再需要认罪或求帮助；有一天，你不再需要察验你的每个念头，不再需要评估你的动机是什么；有一天，小王国终将永远被击垮。那一天，每个人内心的定律就是向神的荣耀发出喜乐满足的渴慕。争战中的争战——就是发生在人心中两个国度间的争战——有一天将会止息。神的国度要得胜！万王之王要掌权！和平要降临！

在那日之前，国度的争战仍要持续下去。争战是再实际不过的了，神不可能一方面爱我们，一方面任我们活在自己的微小文明中，因为当我们这样行时，神就不在中心位置上，如大卫・亨德森（David W. Henderson）所说：

> 因为神不在中心位置，所以自恋、自信、自我表现、自我成全就出现了，这些词，圣经中从未出现过，却在教会的对话中占优势。而圣经中凡有"自"的词，如自我忍让、自我牺牲、自我否定及自我管制却不被人使用。剩下一个堕落的自己，一个在耶稣基督里不配受恩赐及一生蒙呼召的人。事实上以自我为中心这种情形，甚至可能发生在讲道中或和别人分享信心的见证时，我们若有这样的言行，并不是真正的基督教义。基督的门徒绝不能去站的就是中心位置，因为只有神才配得站在那个位置上。①

其实，神代表你来争战，不到争战结束，他绝不停息。何不将你自己交托于神并作他的精兵呢？从你生命中找寻自我的文明开始，在以上每项小王国的特征后问问自己，你要如何从躲藏中出来并认

---

① David W. Henderson，*Culture Shift*（Grand Rapid：Baker Books，1998），pp. 29 - 30.

罪，好确定你有赦免之恩。接下来要肯定你的身份是圣灵居住的殿，并凭勇气往前过新的生活。你能享受清新的恩典并能展望你在神的国度里将经历的超越的荣耀。如果你是神的儿女，他的十字架会让你成为这恩典并荣耀文明的子民。为何还要回到你自己的小王国呢？

挑战巅峰

你用哪些方法让周围的人

遵守你自我王国的那些规则呢？

Q

你的王国戴着怎样的面具？

第 **6** 章

伪装的国度

伪装：你装扮成别人或别的事物

超越心语

最危险的事就是：自我的国度
很容易伪装成神的国度。

在一部很著名的间谍电影里，出现了一幕极为戏剧化的场面：《谍中谍》中的一个特工戴上一个软胶面具，使他成为敌人中一位熟识的人，得以安全过关。这个假面具柔软逼真，就像真人的长相。在某个关键时刻，这个政府特工伸手撕下脸上的"假皮"，向国际恐怖分子显出他的真面目，然后立刻将他们拿下。我小时候很喜欢看这类剧情，梦想长大以后能成为戴软胶面具的特工。我想象当我伸手揭掉面具，看着那些图谋不轨的坏人瞠目结舌时会是什么滋味。想象中，大部分特工的工作都是戴着假面具，他们拥有各式各样的软胶面具可供使用。我真的很想加入这个政府办的化装王国，成为易容大王。

身为一个罪人，我仍在寻求成为一个易容大王。你知道，小王国（自我的文明）的问题就在于它善于伪装，戴着一个伟大国度（神国）公义、良善的假面具，事实上却是为了自己的荣耀而夺取人心。 自我专注最危险的一点就是取了一切神国良善的假相。 印度神学家雷马强佐（Vinoth Ramachandra）如此描述：

> 福音在不严谨的广告宣传方式之下，被包装成宗教产物。例如：福音会给你"内心平安"，教你"如何上天堂"，让你"健康又兴旺"，给你"内在医治"，"解答你所有的问题"等等。这种推销"相信神"的方法就像是宣称能让你在今生情感稳定、物质丰富，并可提供你进天堂的保证书一样。这种讲道法完全没有触及福音的真义。没有提到人在生活中还是会遭遇到各样问题。这也完全威胁不到那些夺取宇宙创造真神之名的假神；事实上，还可能助长假神骗取信众的气焰。传这种"福音"的人基本上是逃避主义者，是旧约中假先知的后代，是披了宗教的外袍，骨子里却充满世俗保护消费者利益的文化。①

圣经里有许多地方警告我们自我王国的假冒。 基督在登山宝

---

① Vinoth Ramachandra, *Gods that Fail* (Downers Grove, IL: InterVarsity Press, 1997), pp. 40 - 41.

训里警告说："你们要防备假先知。他们到你们这里来,外面披着羊皮,里面却是残暴的狼。"(《马太福音》七章 15 节)保罗写信给哥林多教会的人说:"那等人是假使徒,行事诡诈,装作基督使徒的模样。这也不足为怪,因为连撒但也装作光明的天使。所以它的差役,若装作仁义的差役,也不算希奇。它们的结局必然照着它们的行为。"(《哥林多后书》十一章 13～15 节)《腓立比书》一章 15 至 16 节,保罗说,甚至有人传基督是为了自己得益处! 在加拉太书中,保罗警告穿着真福音外袍的假福音。请看他用强烈的语气说:"我希奇你们这么快离开那藉着基督之恩召你们的,去从别的福音,那并不是福音,不过有些人搅扰你们,要把基督的福音更改了。"接下来,他的警告更加强烈:"但无论是我们,是天上来的使者,若传福音给你们,与我们所传给你们的不同,他就应当被咒诅!"(《加拉太书》一章 6～8 节)

保罗为什么这么激动? 因为在自我的王国披上神国的外貌时是最危险的。很有可能你坚信自己是为神国超越的荣耀而活,但事实上你在为你自己而活。当警醒! 要惧怕! 小王国是个伪装的王国,被一个假国王——撒但自己——偷偷摸摸地在背后推动。小王国会定期地在敬拜、顺服及服侍时戴上面具。表面看起来,好像是侍奉万王之王、万主之主,其实每天都在向自己的宝座屈膝。小王国是由属地的珍宝及用焦虑缠裹的需要来驱动,这样的敬拜是敬拜自己。正如雷马强佐所说:

敬拜自己,不论以基督信仰或其他教派的形式,从圣经的观点来看都算**崇拜偶像**。偶像崇拜是妄图以利用"神"或不可见的灵界,得到个人及家庭、公司、族群或国家这些"群体"的安全感或福祉。而合神心意的信仰是要我们以感恩信靠、爱戴真神,根本弃绝自己,他是藉由耶稣基督的降生、受死及复活而彰显的神;因此我们应该成为甘心乐意的器皿,愿意付上代价来对抗世上各种邪恶及不公不义。这样的信仰是要我们包容他人的痛苦及困惑,情愿活在动荡不安的情况下,一步步迈向**彰显在我们生命中的**未来。[1]

我们要注意的是,我们面对的最危险的偶像,是那些可以轻易被人假以基督之名的事物和假冒成服侍神的自私动机。 当自我为中心穿戴上爱的面具或属地的珍宝披上属灵需要的外衣时,能展现出强大的吸引力。 偶像会戴上神的假面具来行各样卑鄙的事。 由于小王国太善于伪装,以至于它会时刻给那些献身神国的人带来危机。

伪装王国的果子

其实教会应该是可以看见神伟大国度的地方,但很快就会在里

---

[1] Vinoth Ramachandra, *Gods that Fail* (Downers Grove, IL: InterVarsity Press, 1997), pp. 41 - 42.

面看到小王国的各样果子。 你不妨这样想，假设我要吃健康的饮食，从外表上我持守了这个原则，但私底下却偷吃大量的巧克力饼干。 这样做会产生两个结果： 第一，罐中的饼干莫名其妙地减少了；第二，我的体重不降反升。 照说健康的饮食不可能产生这种结果。 这说明了戴上健康饮食的假面具，反而欺骗你导致营养失衡。

如果你察看自己的生活及其他基督徒的生活，你会看见一种果子，那不是出于欢喜献身神国，超越荣耀而结出的果子。 相反的，这些果子出于侍奉自己，只不过戴上为神而活的假面具罢了。 我们用欺瞒的方式，将神国超越的荣耀减缩到自己属地的珍宝及被忧虑缠裹的需要的大小。 这不是记念天父并将自己自由献身于神国而结的果子。 不，这是忘记天父的果子，只确定我能得到自己想得到的东西。 请记住，我们常常是在敬拜、顺服及神的事工上结出这样的果子。

让我们来思考三种藏匿于神国之中的那些自我王国所结的果子：

对福音缺乏兴奋与热忱

我们对荣耀的福音漠不关心的态度真让人吃惊！当然，有可能是因为我们太习以为常了，但是，当我检视自己的生活，并花时间与别人相处，我不得不告诉自己，还有更深层的原因导致如此。当福音

（进入神的同在并为他的荣耀而活）不再是我们的终极目标，而成为达到目标的手段时，我们的热忱就不在福音，而在福音会带给我们的某些"事物"。举例来说，我可能对福音充满感恩，但真正让我兴奋的是藉由我与神的关系，我可以得到我所渴慕的事物，比如梦寐以求的婚姻。

身为一位初信的基督徒，德鲁对关乎神的事充满热情，好像参加多少查经班都不够似的。他狂读各样属灵书刊，每次听道都详尽记录，教会的每个聚会也从头到尾参加。现在五年过去了，德鲁像是变了一个人，主日崇拜时不再看到他带笔记本，也不常参加小组。每次聚会仅仅及时赶到，简短的个人敬拜后就去做他自己的事。

德鲁是怎么回事？其实这种情形发生在许多信徒身上。德鲁这位年轻人是因自己很孤单，所以来到基督面前。他并不知道，他对福音的热忱并非来自向往基督的荣耀与恩慈，而是为了满足自己的需要。德鲁来到教会后拥有很多的朋友，这才是他梦寐以求的事，德鲁好像找到一个家。这固然是好，但问题在于他把与基督之间爱的连结这个终点，仅仅看成为了被属灵的家所接纳。神伟大国度的荣耀成为体验小王国珍宝的途径。

这里证实罪人都有瑕疵，罪人处在与天堂相反的地方。德鲁最终对福音的热忱渐渐淡化，说明他起初为新的信仰所感到的兴奋，其实是为那假扮成神国的小王国感到兴奋。

对神及(或)基督教失望

我做了将近三十年的顾问，我无法告诉你，我遇见多少对神失望或对基督教幻想破灭的基督徒。 我必须耐心谨慎地聆听他们的故事。 虽然每一个故事各不相同，也各有其独特性，但它们都有一个共通点，那就是他们对神及基督教的失望。 这并不是因为神的信实或慈爱的缺乏，也不是他们证实圣经有错误。 而是他们以为神的爱及圣经的原则会在个人生活中为他们带来自己所想要的事物。 当这些事物没有实现时，他们很难不失望。

玛莉琳表达得最清楚，当她和不愿悔改的丈夫离婚以后，她对我说："保罗，老实讲，这样的生活不是我接受基督时所要的。"圣经的《诗篇》中有许多话，特别是针对像玛莉琳一样抱怨的我们所说的。《诗篇》告诉我们：信靠的生活并不是像田园诗一般美丽舒适，与神同行的路程是有忿怒、恐惧、悲伤及难处的。《诗篇》里的描绘，让我们看见生活中是会有祷告不蒙应允，神远离罪人，还有恶人处处得胜的景象。《诗篇》带领我们进入一种信仰，要我们明白神国的事远超过我们个人的事，并且要求我们在这个灾难重重、破碎的世界中活出我们的信心。 只要我们把希望建立在神的爱上，用我们的生命来荣耀神，我们就会在这世上经历到莫大的喜乐。

我们倾向于寻求小王国的珍宝

请听《诗篇》一一五篇 1 至 8 节所说的话：

耶和华啊,荣耀不要归与我们,不要归与我们;

要因你的慈爱和诚实归在你的名下!

为何容外邦人说:"他们的神在哪里呢?"

然而,我们的神在天上,都随自己的意旨行事。

他们的偶像是金的银的,是人手所造的,

有口却不能言,有眼却不能看;

有耳却不能听,有鼻却不能闻;

有手却不能摸,有脚却不能走;

有喉咙也不能出声。

造它的要和它一样,凡靠它的也要如此。

　　这首诗教导我们许多事,其中最重要的一个原则是: **人会变成他所寻求的珍宝的形象。**多么意味深长又多么正确啊! 我若为物质而活,慢慢地,我就会变成物质主义者。 我对物质的关切开始超过对人的关切,我变成我所热爱的东西。 同样地,为小王国的权力而活的人,无可避免会变得沉迷权力并喜欢控制他人。 有些人是从人际关系上获取自己的身份及意义,害怕别人的目光,这种人会受别人的思想所左右。

　　我们不但没有塑造出基督的品格,以追求基督为至宝,反而有了取代基督之物的特性。 这也是为什么在我们教会中许多人没有长成基督的样式。 基督既不是我所寻求的珍宝,我就不会变成他的形象。相反地，我会越来越像那些自我王国里，天天为之奋斗的属地珍宝。

我还记得童年时最让人失望的一个晚会。我听说那天晚上穿得最出色的人会得奖。我父亲对化装晚会的服装很有创意，母亲的裁缝非常好，这样，他们帮我作了一件完美的衣服。我装扮成一位老妇人，扮相非常逼真，我心里充满兴奋。等到了会场才知道，除非有人能认出你的本来面目，否则你不能脱掉你的服装。好了，我的装扮是太过逼真，完全遮盖了真面目，居然没有人能认出我来！随着时间过去，那些被认出且脱去衣服的孩子才是最快乐的，而我只能坐在椅子上看着别人享受乐趣，直到最后，才被人猜出是谁。

拿掉面具

面对以上三种情形——对福音缺乏兴奋与热忱、对神及（或）基督教失望、显露自己珍宝之物的特征而非基督的形象——能揭开你生命里伪装王国的面具。你是否将神国缩减成你小王国里珍宝的尺寸呢？是否那些让你兴奋的事根本不是天父的事呢？会不会因神超越的荣耀及他的国度对你来说不过是达到其他目的的方法，而不是目的本身呢？

自我国度里最让人害怕的就是它是个伪装的国度，它很轻易就装出神国的形象及外表；它很容易让我们以为自己是为神而活，却以个人的事来掌握我们的心，左右我们的决定和言行。 我们很容易认为自己是为与神亲密的超越而喜乐，因他的荣耀让内心燃起热忱之火；其实，我们是将自己的希望寄托于受造之物的虚假荣耀上。 我们也容易认为我们能激发自己有限的小王国，去吸取神国属灵的新鲜空气，但其实我们是更深地陷入自己的局限中。 那些属地的珍宝和被忧虑缠裹的需要很容易伪装成对基督的爱或对他在地上的事工的热忱。 你很容易将自己生命的尺寸缩减到你生活的尺寸而不自知，因为从伊甸园那致命的谎言开始，自我的小王国就变成伪装的国度。

伪装的王国及真正的王

请诚实回答自己，你在追求什么事？ 你为什么事而活？ 在你生命中，小王国的目标是否曾伪装成神国的目标？ 你从神得的生命是否缩减到只是你自己的尺寸？ 生命中真正让你兴奋的是什么事？ 什么东西是你的珍宝？ 你如何给你的需要下定义？ 你是否曾让自己的自私戴上敬虔的假面具？ 你的小王国是否装扮巧妙到甚至周围的人也认不出你的真面目？ 在你的生活中，哪一个国度真正占有你的心？

当你问自己这些问题时，要记得你的救赎主曾在一个安息日站在会堂里，引用以赛亚书的经文指着自己说："主的灵在我身上，因为他用膏膏我，叫我传福音给贫穷的人；差遣我报告：被掳的得释放，瞎眼的得看见，叫那受压制的得自由，报告神悦纳人的禧年。"
(《路加福音》四章18～19节)

　　当你拿下假面具并拆毁生命中的小王国时，记得你并不是孤军奋战。你应当雀跃！因为你的弥赛亚将赐给你一切所需来为你赢得这场争战。小王国使你变得贫穷，而神给你的好消息是他所赐的恩典永远丰盛够用。小王国辖制你，所以他忍受十字架的痛苦，使你得自由。小王国使你心盲，因此他伸出恩手触摸你，使你得看见；小王国使你受压抑，所以他买赎你，使你得释放。在主里，你可以找到一切你所需要的资源，好让你活得自由、有见识，也让你吸取到荣耀国度穹苍之内的清新气息。

　　你我的盼望在其他国度中绝对找不到。我们迫切需要的是一位能将我们从为自己建造的小王国里释放出来的王。这位王已经来临，他的名称为以马内利、主**耶稣**基督。 当寻求他！ 他一定会帮助我们。

挑战巅峰

每天的生活中，

你在哪些事情上欺骗自己是为神而活，

而事实上是为自己而活？

Q

你是否将生命缩减成自己生活的尺寸？

第 **7** 章

缩减的动力

动力：一种以活力或强力为特征的驱动系统或过程

罪使我们将自己的生命

缩减成我们生活的尺寸。

除非你是外星人，你一定曾因这东西而感到沮丧。 它是由法国科学家亨利·底普瓦（Henri DePoix）所发明的，在第一次世界大战时用来保存军人所吃的肉类。 那是一种塑料制品，在高温下会变大，冷却后会紧缩。 从那时起这种包装开始被广泛应用，例如： 很难拆开的儿童玩具，等不及要听的 CD 片，或是在五金行买的小刀。 有人用它来保存古董书，换季时用来保护遥控船。 你们都知道它，也用过很多次，这东西名叫"收缩胶膜"。

收缩胶膜的惊人作用屡试不爽，它是在新开发的产品中一开始就知道会成功的一项。 它会收缩成被包装物的大小，不论是块肉干或是遥控船，都能收缩成被包装物的外形，之后却很难将它除掉。 亨利·底普瓦绝没想到他为了避免军人食物中毒而做的发明，会改变现代每位消费者。

罪的作用与底普瓦的收缩胶膜很相似，但罪的影响力更是包罗万象。罪使我们心里的"分子"从根本上发生了改变。我的心不再以神那坚毅的爱为驱动；诚挚地关怀他人不再能激励我的心；我对四围受造之物不再有责任感；我不再以清楚的对错观念来作每个决定；我做事不再充满喜乐及感恩敬拜的心。罪的本质是自私，而自私会让我的世界缩减成一个人的大小。罪创造出前所未有的"缩减动力"。让我们或多或少将自己的生命缩减成我们生活的尺寸。罪使我们的动机、热忱、渴慕及关切的事只集中在自己的生活上。在这缩减的自我王国里，没有留下空间给神或他人。承认自己被罪压缩是件令人羞愧的事，但在属灵上这是必须的。

你可以从以下的例子看到人的罪。一个还不会说话的婴儿躺在小床上，居然会因妈妈离开房间而气得身体打挺。小孩子会因谁先拿到玩具或谁先打了谁而争闹不休。青少年会喋喋不休地抱怨，因为他们总是以自我为中心。新婚前几年的生活总是有问题，因为他们惊讶地发现与相爱的人相处居然会有这么多问题。基督徒在教会中要合一更是难上加难：开车的人在停车场抢车位，人与人之间无止境的贪婪与嫉妒，破碎的家庭及罪恶满盈的城市，垂老之人心中充满苦毒的怨气。罪使我们对人的关怀萎缩，不再关心世事。不论人如何掩饰，罪使我们对自己的关切增多，这情形绝非神造我们的本意。

圣经记载了罪带来的灾难以及人需要的拯救，圣经的历史描绘出罪有**缩减动力**的特征。 不妨思想一下圣经人物： 亚当和夏娃将他们的生命缩减成想要成为神的欲望。 该隐将他的生命缩减成想要亚伯一切所有的渴求。 雅各将他的生命缩减成想得到传给以扫产业的渴求。 以色列百姓在旷野将他们的生命缩减成想吃美味的贪欲。 亚干将他的生命缩减成想得到巴勒斯坦战利品的野心。 扫罗王将他的生命缩减成想得到亚玛力人财物的渴望。 约拿将他的生命缩减成他自己对公正的解释。 法利赛人将他们的生命缩减成他们的自义。 彼得将他的生命缩减成对他人的惧怕。 犹大将他的生命缩减成三十个银元。 这是圣经里的一些故事，记录罪如何将我们的心缩小，变得只会关心自己。

破损的模型，自私的欲望

那是我小时候做过的坏事之一，哥哥泰德收集了许多名牌车的模型，摆在他房间的架子上。 这些模型车全是他自己组装上漆的，他为此很自豪。 我不记得具体什么事，他惹恼了我。 他违反了我的规则，所以我在忿怒中打了他并跑进他房里，用我的鞋将他收藏的车子全打烂。 我知道我在做什么，但我的心里感觉很痛快，直到妈妈发现的时候。

一个孩子生命中让人难过的时刻反映出罪人的形象。 我们都希望受到他人及所处环境的接纳、服侍并认可，当不能被认可时，我们的反应会不同，从轻微的受伤到暴力的忿怒都有。 在婚姻中，配偶互相批评，不是因为谁违背了神的律，而是因为违反了自己的律。 父母生儿女气，不是因为儿女是罪人，而是因为他们没有达到父母的期望。 邻居间不能有好的关系，因为他们不喜欢别人对待他的方式，或是不满别人收拾院子的方式。 生意人长期辛苦工作，因为他们总是不满足、不安心。 人们随意来去教会好像到购物中心一样，因为他们只想在那里得到他们想要的东西。 兄弟姊妹间会为小事起争执，像是谁吃最后一碗麦片粥、谁拿了遥控器、在车上谁坐哪里、谁先淋浴等等。 在宴会中人们为成为被关注的焦点而竞争。 一个人会因暂时的享乐将美满的婚姻葬送掉，青少年会为了博取同学的接纳而出卖灵魂。

人们背负着难以承受的债务，因为他们觉得需要很多的东西。我们会认为自己的房子不够大，衣服不够穿。 吃东西常常过量，却老是说我饿了，其实我们很少经历过挨饿的真滋味。 我们总是想着"我和我的""更大和更美""此时此刻"。 我们不喜欢别人勉强我做事，或是我必须忍受缺乏。 我们认为受比施更有福，证实自己是对而别人是错时会使我们高兴。 我们梦想假如自己能掌控一切，生活该有多美好。 我们常常忘了自己亏负人，却总牢牢记住别人让我们生气的事。

处处都能看见这些事，让我们很难与人相处，更不可能让内心感到满足。 罪的根本中心就是自私，在这孤独的宇宙中，人只想到为自己效力。 罪实在是那终极的收缩胶膜。 它将你所关心的事缩减成你的生活。 从一个生气时砸坏哥哥车子模型的小男孩，到一个为自己不如意的婚姻而产生苦毒的妻子，罪带来的只有悲剧，使得我们独断专行。 你不妨停下来看一看、听一听，你会发现你及四周的人都有这种倾向。

神的伟大轮廓

当我们满足于自己一人的小王国时，我们犯了滔天大罪，因为神被挤出去了。 神绝不会将自己缩减成我们孤独王国的尺寸。 他不能弃绝他的荣耀或否定他神圣的计划。 他是神，他绝不改变。我们所归属并为之奋斗的国度绝不会缩减他的崇高。 所以我不能将自己生命缩减到小于他荣耀的大小。 我受造不是要建立自己的国度，而是要将自己全心摆上，为他的国度牺牲奉献。

《诗篇》一四五篇的作者用华丽的词藻展现了为神而活的意境。 他说神本为大，其大无法测度。"测度"原是指丈量水的深度，凡无法测度的都是说它大到一个地步而无法测量。 诗人这里说要是将历世历代的人排起来，让他们一个个去挖掘神的伟大，他们仍然挖不到底！ 因为他的荣耀无限深广。 我们存活的尺度必须连及他的宏伟。 神设计的我们存活的目标应该是神无可测量的伟大。

当我将自己的生活延伸至神荣耀广大的穹苍时，我的生命里立刻有了可以容纳他人的空间。 与神相交带出与人之间有意义的相交。 请思想一下，罪实际上是无神论及反社交的。 因为罪将我的聚焦缩小到我自己身上，使我对神及他人的存在视而不见。 正因为是罪人，即使我参加教会活动并与人建立关系，也只能达到一个地步，就是他们要能符合我孤独王国的标准。 当我如此行，便在实际生活中不可能有敬拜神及友爱他人的空间。 我生命中即使存有敬拜与爱心，也被缩减了尺寸，只专注在我认为需要及想要的事物上。 即使我生命中存有教会、小组及团契，我真正敬拜的其实还是自己。 即使礼拜天我忠心地向神歌唱赞美，但若到了礼拜二他没有赐下我认为我需要的东西，我就会怀疑他的良善。 今天说我爱你，第二天当我的计划被你拦阻了，我就会向你发怒。 外表看似以神的样式生活，其实不过是裹了一层收缩胶膜罢了。

可是，神的本意并非如此。 从亚当和夏娃受造的那一刻起，人就是要活在神伟大的荣耀之内。 神设计我们，不是只为个人生存、享受暂时的快乐或得到个人的成功。 我们受造是要找出神对我们的计划以及我们存在及生命的意义；我们的身份根源于他的爱；我们的盼望应当与神的恩典连结；我们的潜力在于神的权能；我们的目标全凭神的旨意来引导；我们的喜乐伴随神的荣耀而来。我们所有必要的、真实的、有价值及有意义的异象都当扎根于对神真实的敬拜。 我们受造为的是有尊严地过个宽广且有意义的生命——这生命连于创世以先的造物主，并将绵延至永久。

这样的生活会带领我们通向无限的出口，一种远超出我们所能理解、参与、想象并得满足的生活。 这种生活方式意味着我们会去关切那些似乎与我们不相干的事。 因为神关切这些事，他是我们生命的中心，也是生命的源头，所以我们也会有这样的感动。以神的伟大为轮廓的生活方式，要我们把神的目的看为我们生命的目标，这样，神认为有价值的事物，就会成为我们实际生活中追寻的珍宝——我们要活在神的旨意当中，用他的旨意来定义我们的生活。 我们为之而活的"丰盛"则是他为我们及万物所定的计划。我们会感觉兴奋，因为我们看见恩典如何将我们的故事与神成功的故事连接在一起。 我们开始明白恩典在罪的收缩胶膜上切开了一个洞，并深入其中将我们拉出，再将我们放置于一个我们无法想象，更令人兴奋、更有意义的地方。 在这里神以爱来充满我们，以能力来激励我们，并以荣耀来装饰我们。 神定意要我们生存在这个宽广奇妙之境，并找到自己的身份及方向，就是神的国度。

缩减王国的轮廓

然而，可悲的是，我们却都为另一个国度感到兴奋。 罪绑架了我们所关切的事，使我们对人的关怀缩减。 罪使我们眼瞎，看不见神的荣耀，也使我们耳聋，听不见神的呼召。 罪使我们极愿意为自己付上代价与精力。 罪将我们每个人变成小国王，掌管只有一个人的国度。 罪让人类社会分解成由一个个国王掌管的分散的国，彼此为孤立的国度冲突。 难怪我们在个人生活上处处有矛盾，世上的争战层出不穷！ 我们能彼此生活在一起真是神的恩典。

你现在也许会想："好的，保罗，我了解了。 我明白你说的**缩减的动力**，但我不了解它在每天生活上的意义。"下面让我们看看自我国度狭窄的轮廓。

此时此刻

自我国度的收缩胶膜让我们的眼目专注在现在，完全专注在我此时此刻所看见、所听见、所思想及感觉的事。这不是一个可以延迟、能够满意或保持忍耐的国度。它是一个不耐烦的国度，此时此刻就要得到它所想要的东西。

我们的灵会永存，神设计我们是要我们活到永远。此刻，不过是将来的一个引子和预备而已。我们在世所有的年日与前面辽阔的永恒相比，只不过是个极微小的标点罢了。对永恒的关注塑造了伟大国度的文化。伟大国度的文化看"现在"为"将来"的一个投资，并在这永恒投资中找到价值与喜乐，而不是从属世投资中得到物质的喜悦。

我不是说投资一辆好车、买一幢美屋、享受一个假期或品尝一块牛排的喜悦是邪恶的事。这些事也都显出神创造的荣耀。这里要谈的是，在背后驱动这些事的究竟是什么？ 你是为什么而活，什么事让你觉得有意义、有目的，什么事让你早晨起床，什么事决定你的身份，你的喜乐从何而来，你寻求什么来满足你的心以及你去哪里找寻生命。

自我国度常是专注于玩耍、享乐及追求当下的满足。C.S.路易斯（C. S. Lewis）在《返璞归真》这本书中的评论非常贴切：

> 如果你读历史，你会发现对当代世界贡献最多的基督徒，都是那些极愿为他人设想的人。如那些在罗马帝国时期愿意长途跋涉使人信主的使徒，建立中世纪的伟人，解除奴隶贩卖的英国人。这些人都在世上留下美名，皆因他们的心被属天的事物所充满。基督徒停止思想属神的国度时，他们在这世界就会毫无果效。专注于属天事物，属地的事物也加给你；专注于属地的事物，你将两者都得不到。[1]

我和我的

被缩小的是个近视的王国，它看不清远处的事物。它对一切需用、重要、有价值、性命攸关、值得及必要之事的视觉能力，通常只能达到自我所关心的距离。当然，我应该管理好神赐给我的一切，我应该关心自己和我的家人、朋友，这么做并没有错，错误在于我花太多

---

[1] C. S. Lewis, *Mere Christianity* (San Francisco: Zondervan/Harper, 2001), p. 118.

时间关注在自己身上，以至于没有时间与精力去关怀我生命范围以外的广大世界。

也许念神学院时发生的一些事能帮助我来描述这个观念。我念的是费城的一所神学院，这所神学院位于一个满目疮痍的市区内，像美国许多大城市一样受到各种暴力、个人及社会经济问题的摧残。每天，我和三四位未来的牧师搭伴开车上学，我们一起学习神的话语，装备自己以便服侍罪人，帮助他们面对生命中的破败和困难。在车上我们会有奇妙、兴奋的交谈，如同上课一般让我喜乐。

有一天早上，在沉静的车中，我看向窗外，视线越过这群未来神学家。第一次，我定睛看着这些残破的房屋、车子及来往的行人。视线所及，到处都有明显的需要。我坐在往神学院去的车后座上，不由自主地开始哭泣，不只是为市区因罪带来的损毁，更是为我自己过去对这些视而不见。每一天我都从这里穿越，却对超出自己以外的事完全瞎了眼。我受装备原是为了服侍，却吃惊地发现我对这些并不关心。

想要的东西和必要的东西

我们活着都有个人需要及渴慕。如果你表现得好像不需要任何东西，反而显得不合情理。渴望得到某些东西并不是错事。问题在于你的心是被什么来支配，主导你生命的是什么事。你是否花许多时间去顾念自己的需要，满足个人的喜好，而没有时间去关怀神国更大的需要呢？

自我的王国基本上是靠委身于自己这个意念来驱动，确保我得着我认为需要的一切，并且尽全力让自己的欲望得到满足。这个国度不是靠神所要的事及其他人的需要来定型。我的需要占据所有的空间，相比之下，其他事很难吸引我的注意力、精力与兴趣。

实际与物质

被压缩的王国往往着重于可见的、可听的、可感觉的、可触摸的、可品尝的或身体上可经历的事。这种生活方式是由实际的经历及身体的享乐来支配。它也是由实际感官的享受来支配。

这里需要再一次说明，我们都是血肉之躯，且住在神创造的美好世界中。神赐给我们各样赏心悦目之物及佳肴美食。在这现实世界中可以享受到各种乐趣，有时这些可能成为人们崇拜的对象，但最危险的是人们多半以所见之事而非不见之事来为生命下定义。自我的王国往往着重于手能触摸到的事物，而非应用心灵体会之事。

权益与权利

自我王国往往是"这是我理当得到""这是我的立场""这是归属于我的"及"你该如此对待我"的国度。这个国度在受人服侍时最愉快。在这里，你很容易因别人得罪你而不高兴，而用警觉的眼神看别人如何对待你。你的人际关系决定于你期望如何与四周的人相处，你对自己的拥有物、地位及权利都一清二楚。

　　然而，这并不是说你该作个踏脚垫或任人虐待才算敬虔，其症结在于是什么在后面驱动一切。我的生命是浪费在保护个人界限、财产及个人权益，还是情愿放下自己的权利、牺牲自己的安逸，愿意为神国事工的缘故受亏损呢？

　　罪在你面前举起物质世界的荣耀，并且告诉你这是唯一值得活下去的荣耀。罪缩减了你的热忱，使你的异象变得狭窄，罪让你看不见你生命界限以外的事。恩典却加添能力，使你拆毁自我专注、自我防卫及自我保护的藩篱，让你可以触及神和他人。如此行，你不仅能经历真正的荣耀，也将得着真实的人性。

你是否正消耗生命中宝贵的精力，

在你个人的缺乏、

需要及关切的狭窄世界里？

Q

是什么居于你生命的正中心？

第 8 章
万事的中心

卓越：优于或明显高于其他所有，极其重要的

伟大国度的生活就是让我的一切
思想、渴望与言行都以基督为中心。

　　不论在哪里或做什么事，他一定得成为大家注意的焦点，他似乎无法安静地坐在后面。 当必须与别人同台时，他会感到不安，会想尽办法抢人风头。 他不愿与人分享，服侍别人对于他来说根本不可能。 他不喜欢顺服，总是觉得自己的方法最好。 他视别人为障碍物，并且认为不能被掌控的环境都有危险。 他要求别人都要注意他，否则他就大喊大叫。 问题的严重性不只是他着迷于成为一切的中心，他才只有八岁！

　　我与那对精疲力竭、恐惧无助的父母一起待在我的办公室里。 他们对这孩子束手无策。 所有该做的他们都做了，却没有任何果效。 他们面对漫长的夜晚会感到恐惧，也怕带他到公共场所，在学校里不断有各样的问题。 他成为他那小宇宙的主宰，只有一件

事他做得很好，就是任意指挥父母及让别人听他的话。

我看着他们的互动关系，有一个念头不断浮现。 从这位自我又倔强的小男孩身上，我看到罪在世人身上影响。 罪使我们都想成为世界的中心，成为万众瞩目的焦点。 罪使我们为自己地上的珍宝及被忧虑缠裹的需要全力以赴。 是的，罪确实让我们把自己的生命缩减成我们生活的尺寸。 这正是小王国的写照。 在这小王国里，自己永远位居中心。 在伟大的神的国度里，中心位置绝不可能让自我占据。 这两个国度根本上的不同可以从谁位居中心看出来。 超越、伟大国度生活的中心生活永远是为除你以外的某个人存留的。 这一章都是关于他的。

圣经： 王的故事

我们前面已经说过，圣经是关于两个国度争战的故事，就是自我的国度与神的国度。 圣经还不只这些，也包含一位王的故事。当旧约圣经记载地上国度失败的历史时，它也给了明亮璀璨的盼望，就是有一位王要来临，他要来建立他的国度，要以公平与公义执掌王权，直到永永远远（参考《以赛亚书》九章 6~7 节；《以赛亚书》三十二章；《以西结书》三十七章 24 节；《撒迦利亚书》九章 9~13 节）。 旧约呼召神的子民将自己的盼望从有瑕疵的地上君王的统领，转向那位永远掌权的全能者的应许。 旧约是一本历史，详尽记载神如何一步步成就每个必要的阶段，好迎接那位应许要来的王。 旧约同时记载，即使明明知道神对这位慈爱君王的应许，我们还是无法抗拒罪的诱惑而倾向自己作主。 旧约记载神的子民以等候、盼望这位王的来临作为结束。

新约福音书宣告王的来临并建立他的国度。 这是有关基督、神迹及所有供应的教导的基础。 期待已久的事终于来到，君王的脚终于踏在地上。 马太福音在每一章都有这个国度的描述。 书中详细提到罪人对救主恩典的盼望。 实际上，整本圣经就是讲基督君王的事。 他就是唯一配居神国中心位置的那一位，伟大的国度就是基督的国度。

这意味着为伟大的国而活实际上就是为基督而活。超越的生活是以基督为中心的生活。 为基督而活是让你从捆绑中得释放的唯一之路，这捆绑就是你倾向于缩减生命成为你的生活尺寸。 唯一能让你从狭小王国中得到解脱的方法，就是以基督国度为中心，为基督而活。 你绝对赢不了向自己说"不"的这场争战。 只有当你回应耶稣基督的呼召而说"是"的时候，你才能扭转战局，转输为赢。

主在凡事上居首位

每天要过以基督为中心的生活，究竟意味着什么呢？ 这样的生活涉及婚姻、教养子女、友谊、工作、社区及财务管理等各个方面。 记住，只有为基督而活时，你才能获得你受造的超越性；只有过超越的生活时，你才能发觉你真正的人性；只有发觉你真正的人性时，你的生命才真正有意义。 这些都是真实的，因为你的人性不在于自我发现及属世的自我满足（正如周围的世界所提议的那样），而在于为基督及他国度的荣耀投资你的生命。 你是因他的荣耀而被放在此地，这不是可选择的生活方式，它已经在你的天性里面了。 为自己而活剥夺了你的天性，只有为基督而活才能真正显明神造我们的本意。

我再说一遍，为伟大的国度而活，是在生活各方面都以基督为中心。 让我们看看保罗对这个基要真理怎么说。 这些段落太重要了，以至于我要把它们全列在这里，《歌罗西书》一章 3 至 23 节说：

> 我们感谢神、我们主耶稣基督的父，常常为你们祷告。因听见你们在基督耶稣里的信心，并向众圣徒的爱心，是为那给你们存在天上的盼望；这盼望就是你们从前在福音真理的道上所听见的。这福音传到你们那里，也传到普天之下，并且结果，增长，如同在你们中间，自从你们听见福音，真知道神恩惠的日子一样。正如你们从我们所亲爱、一同作仆人的以巴弗所学的。他为我们作了基督忠心的执事，也把你们因圣灵所存的爱心告诉了我们。
>
> 因此，我们自从听见的日子，也就为你们不住地祷告祈求，愿你们在一切的属灵的智慧悟性上，满心知道神的旨

意；好叫你们行事为人对得起主，凡事蒙他喜悦，在一切善事上结果子，渐渐地多知道神；照他荣耀的权能，得以在各样的力上加力，好叫你们凡事欢欢喜喜地忍耐宽容：又感谢父，叫我们能与众圣徒在光明中同得基业。他救了我们脱离黑暗的权势，把我们迁到他爱子的国里；我们在爱子里得蒙救赎，罪过得以赦免。

爱子是那不能看见之神的像，是首生的，在一切被造的以先。因为万有都是靠他而造，无论是天上的，地上的；能看见的，不能看见的；或是有位的，主治的，执政的，掌权的；一概都是借着他造的，又是为他造的。他在万有之先；万有也靠他而立。他也是教会全体之首。他是元始，是从死里首先复生的，使他可以在凡事上居首位。因为父喜欢叫一切的丰盛在他里面居住。既然借着他在十字架上所流的血成就了和平，便借着他叫万有，无论是地上的、天上的，都与自己和好了。

你们从前与神隔绝，因着恶行，心里与他为敌。但如今他借着基督的肉身受死，叫你们与自己和好，都成了圣洁，没有瑕疵，无可责备，把你们引到自己面前。只要你们在所信的道上恒心，根基稳固，坚定不移，不致被引动失去福音的盼望。这福音就是你们所听过的，也是传与普天下万人听的，我保罗也作了这福音的执事。

在这段祷告中，保罗说得非常明白，基督是你的盼望、智慧、能力和拯救，基督使你与天父和好。 他呼召你每天过让基督完全掌权的生活。

接着让我们再看《哥林多前书》一章 18 节至二章 5 节：

因为十字架的道理，在那灭亡的人为愚拙；在我们得救的人，却为神的大能。就如经上所记：

"我要灭绝智慧人的智慧，

废弃聪明人的聪明。"

智慧人在哪里？文士在哪里？这世上的辩士在哪里？神岂不是叫这世上的智慧变成愚拙吗？世人凭自己的智慧，既不认识神，神就乐意用人所当作愚拙的道理，拯救那些信的人；这就是神的智慧了。犹太人是要神迹，希腊人是求智慧，我们却是传钉十字架的基督，在犹太人为绊脚石，在外邦人为愚拙；但在那蒙召的，无论是犹太人、希腊人，基督总为神的能力，神的智慧。因神的愚拙总比人智慧，神的软弱总比人强壮。

弟兄们哪，可见你们蒙召的，按着肉体有智慧的不多，有能力的不多，有尊贵的也不多。神却拣选了世上愚拙的，叫有智慧的羞愧；又拣选了世上软弱的，叫那强壮的羞愧。

神也拣选了世上卑贱的，被人厌恶的，以及那无有的，为要废掉那有的，使一切有血气的，在神面前一个也不能自夸。但你们得在基督耶稣里是本乎神，神又使他成为我们的智慧、公义、圣洁、救赎。如经上所记："夸口的，当指着主夸口。"

弟兄们，从前我到你们那里去，并没有用高言大智对你们宣传神的奥秘。因为我曾定了主意，在你们中间不知道别的，只知道耶稣基督并他钉十字架。我在你们那里，又软弱，又惧怕又甚战兢。我说的话、讲的道，不是用智慧委婉的言语，乃是用圣灵和大能的明证，叫你们的信不在乎人的智慧，只在乎神的大能。

保罗告诉哥林多教会的信徒，什么是他事工上不可缺少的要素呢？钉死在十字架上的基督应居于一切的中心。对保罗来说，国度的生活就是将基督及他的十字架摆在生命中。让我以下面几个原则总结这两段经文：

这受造的世界是以基督为中心而设计的

《罗马书》十一章 36 节说得很好："因为万有都是本于他，倚靠他，归于他。愿荣耀归给他，直到永远，阿们！"要在你生命的各方面使用这个原则。你的婚姻既是基督所赐，就要在婚姻上为基督而活；

你的儿女是神所赐,是属于神的,靠着他的慈爱与恩典,他们才能实现神造他们的本意。你的财产是出于神的手,所以归属于神,因他的关怀,他能保守你一切的产业。你生命当中没有一样不是属于神的。

对人的设计是过以基督为中心的生活

在自主中绝对找不到真正的人性,因为神造人已经设计好必须与造物主建立亲密的关系。任何时候为自己而活,就是否定被造的意义,并将自己的生命引向必然的恶果。从起初,基督就应当成为受造之人生命的中心,这才是伊甸园的本意。

以基督为中心的生活被世人看为愚拙

对大多数的人来说,宗教是强者的奢侈品、弱者的必需品,西方文化中人的理想是靠自我奋斗而成功的人,一切操之在我,人定胜天。所以将生命构筑在一个不可见、不可听的神旨意上,是多么愚蠢的事。从这个角度来看,将受造之物奉若神明,忽视造物主才是智慧。今生是我的重心,永世根本不存在。所以我的生命若要为另一位的荣耀而活,是再愚蠢不过的事了。

关注基督的结果一定是关注十字架

除非你定睛于十字架上的救恩,否则你不可能成为以基督为中心的人。被钉十字架的基督应当成为我们生命的中心。你不可能对堕落世界中有瑕疵的人存任何真正的盼望,唯独这位救赎主能拯救我们脱离充满罪恶的生命。真正恢复神创造的美好需要十字架。只有基督的十字架才能恢复我对基督的忠心，使他位居我生命的中心。

基督位居一切中心是怎样的情形？

山姆是个基督徒，他的信仰生活缺乏热情和方向，虽然他做了所有对的事情。但在工作上他就像变了一个人一样，他积极上进，乐于与人互动并充满热情。每天上班做事抢在前面，不是因为被迫，而是他自己甘心乐意。他常常是最后一个离开办公室。然而，在与神同行及教会生活上，他却似乎没兴趣，也不参与。为什么会有这么大的差异？他缺少了什么？

我们来看看所发生的事。当基督不在生命的中心时，他的基督信仰缩减成**神学**与**规条**。基督信仰不再是掌管他生命的中心原则，反而被其他的动机取代，使基督被弃在生命的边缘。我想这是许多基督徒的经历，他们的基督信仰里没有基督！只不过是一种意识形态伴随着一套伦理罢了。这里让我们看到一个危机，如果基督没有在我们心中，那么一定有他物取代了这个位置。视基督信仰不过是神学或教条会导致自我成为一切的中心。唯独基督能将你我从小王国的捆绑中释放出来。实际上，山姆的信仰已经缩减到信条与诫命，没有基督的信仰缺乏基督的荣美与能力。唯有对基督的爱才有能力除掉每个罪人对自己顽固的爱，也唯有基督的恩典才有能力唤起对主的爱。

然而，即便是在基督信仰之内，基督也有可能被替代！ 小王国伪装成神的国度也是完全有可能的。 **行动主义**把对道德律的热衷与委身伪装成对基督的爱，**律法主义**因着对律例的坚持及对人的义的坚信而被伪装成对基督的爱。 **形式主义**强调要参加每场教会的聚会，这个被伪装为对基督的爱。 **情感主义**将强烈的情绪波动视为对基督的爱。 **教条主义**强调对纯正真理的绝对忠心，看上去好像是对基督的爱。 **外表主义**热衷于外在的敬虔，将其视为对基督的爱。

所有这些在大国度中都有它合适的位置。 因为这些都是爱基督的要素，但可怕的是其中每一种情形都有可能成为假象，而取代基督在我们心中的地位。 一个人可能全心追逐他个人王国的目标，同时又以为他是在过以基督为中心的生活，其实，他的心既不受基督恩典的安慰，也不顺从"爱主胜过一切"的呼召。 许多基督徒的信仰中根本没有基督在内，他们只不过是信"基督教"及自信有能力过基督教的生活。 这种所谓的"基督教"，其实是人的知识与成就的假荣耀。 这种信仰不需要否定老我，否定老我是当我们以对基督的爱来掌管内心时必然会发生的事。

那么，以基督为中心的生活究竟是什么样子呢？ 接着我们就来讨论。 你必须在伟大的国度、日常生活及人际关系上皆以基督为中心，以及对超越的生活有很清晰的概念。 让我先提出四个重点。 下一章中我们将看到一段经文指出更实际的方向，以及怎么过以基督为中心的生活，这样的生活在堕落的世界是有影响力的。以基督为中心的生活方式，真正的意思是认定基督是我的源头、动机、目标及盼望。

源头

凡值得珍惜的事物都是从基督那里得到的。要明白我无法控制发生在我身上的事。我所处的地位、天赋、才干、能力、机遇及祝福都是从他而来。我也要承认我若不靠他不断赐下的恩典，我不可能成为对的人或做对的事。我所需要的智慧、能力、慈爱、忍耐、坚持及信心是我自己没有的。视基督为一切的源头，意味着不以你天生的有限来衡量你的潜力，而在于他无尽的恩典。因我无时无刻不要依靠他，所以我要一直寻求他的恩典。我读神的话，与信徒相交，与众人一同敬拜神，活跃于各样事工上，参与主的圣餐并寻求年长有智慧的属灵领袖的建议。我不是因为职责所在才这样做，而是因基督是我一切的源头，我乐意寻求他的恩典。

动机

以基督为中心的生活意味着，他确实是我一切行事的缘由。我渴望认识他。我愿意参与他在地上的事工。我要以我的生命取悦于他，以他认为有价值为宝贵。我把他对我的旨意看成自己的目标，我愿遵行他的话语，活出他的性情。我愿成为他的门徒，成为代表他的使者，让他来塑造我的言行举止、心思意念及我所渴望的。我一切的决定在于讨他的喜悦而不在于让自己喜悦。我因被拣选成为他国度的一分子而雀跃，我愿意过一个符合这个国度的目标、价值及旨意的生活。

目标

以基督为中心的生活，意味着我愿意放下自己生命中一切的荣耀，而以那能夺取我心并形塑我生命的荣耀来代替，就是耶稣基督的荣耀。我愿意他被多人认识、尊崇、敬拜并顺服。我也愿意他的旨意畅行，即使有很多我想要去体验和完成的事情，他是我生命的定向罗盘。他的尊崇及荣耀是我生活的目标。我每日的生活，所做的决定和行动，不再为着与自己荣耀的目标相连接。是的，我找到了更美好的事物，是他给了我生活的方向与喜乐。

盼望

你盼望什么事发生？你将你的珍宝放在哪里？你在什么情况下会说："要是我有＿＿＿＿，我的生命就更美好了。"你期待并盼望怎样的经历？你思想的是什么？是什么掌管你的梦想？你是否经常投资于没有成果、不能持久的事物上？基督是你的盼望吗？他是你生命立足的坚固磐石吗？当基督成为我的盼望，他就成了我唯一信赖的。我靠他的智慧行事，珍惜他的恩典，也倚靠他的同在。因我信靠他，我要寻求他所应许的一切美事。这一生中我不会靠着阴谋、掌控、威吓来夺取我想要的东西，因为我在基督里已经得到我所要的一切，他是我的盼望。

　　请思想以下的问题：你究竟是为哪一个国度而活？你每天追逐的"美好生活"是什么？每天清晨是什么样的盼望带你醒来并度过一天？基督是你生命的中心吗？如果我看你上个月的生活记录，考察你所说之话语和所想之动机，我会发现什么？如果我看你如何作决定及与人应对，观察你的兴趣及你为之奋斗的事，我能看到你是为哪一个国度而活吗？从你履行自己的职责、你规划时间的方式、你如何面对生活中的繁忙及安静的时刻，或者听你与自己的对话，我能看出基督在你生命的中心吗？他是否真是你生命的源头、你的动机、目标及盼望呢？是否有可能你的基督信仰里事实上并没有基督？是否你的小王国还是活跃而完好，不偏不倚地位居于伟大国度的正中央？

在你世界的中心，

是什么常与基督的地位相争？

Q

你是否准备好参与自己的死亡？

第 **9** 章

迎接你的死亡

门徒：谨守他人教训、效法他人榜样的人

基督呼召我们与他死的形状连合，事实上
是要救我们脱离死亡并赐给我们真正的生命。

我们一直无法自在地进入那个房间，也知道没有人会高兴地走出那个房间。 假如我们可以只谈生命、明天及未来就好了，可是那天我们进那房间是要讨论死亡。 母亲的身体再也撑不住了。 医生用医疗设备和药物延续她的生命，医生问我们要用这方式延续她的生命多久。 我记得那时我想到人对死亡的恨恶是如此相同，在危急重症的加护病房中的人是何等悲伤，在医院的走廊上有多少人希望自己能掌握生命，情愿将自己的生命给那些所爱的垂死之人。

死亡是可怕的，当基督向跟随他的人说他们必须死时，他们一定都很震惊。 这可不是激励听众或推销他国度的方式！ 对我们来说，基督呼召他的听众要去做的是一件违反常理的事。 我们都竭力保全自己肉体的生命，也都尽力避免遇到危险、伤害、苦难、试炼及损失。 在人的内心深处都有维护自己生命的本能。 现在生命的创造者竟然叫我们思想死亡这件事，这似乎很不合理。 但当你明白基督这呼召深刻的道理时，你就会豁然开朗了。

让我们来思想《路加福音》九章 23 至 26 节：

> 耶稣又对众人说："若有人要跟从我，就当舍己，天天背起他的十字架来跟从我。因为，凡要救自己生命的，必丧掉生命；凡为我丧掉生命的，必救了生命。人若赚得全世界，却丧了自己，赔上自己，有什么益处呢？凡把我和我的道当作可耻的，人子在自己的荣耀里，并天父与圣天使的荣耀里降临的时候，也要把那人当作可耻的。"

这是你需要知道的真理。 这和你现在如何投资你的生命，将你的盼望寄托何处，以及你受造时神所赐的超越生命息息相关。你以为小王国应许你的是生命，但它带来的却是死亡；伟大的国度要求你死，却借着死赐给你生命。

不过要记住，你会不断受到试探，认为与上述相反的话才是真的。 容我更确切地说，在得着永恒的过程中，最危险的事就是**死亡会假装成生命**。 从伊甸园里开始，死亡就一直假装它是生命。《箴言》十四章 12 节对死亡的狡诈说得最清楚："有一条路，人以为正，至终成为死亡之路。"

罪人很容易混淆死亡与生命的真正意义。如果注意看，你会发现周遭这种事比比皆是。譬如说，电视里色欲被塑造成生命。当然一开始，色欲或不法的淫欲会让人兴奋，也可能让人觉得可以达到终极的满足。但是奸淫罪却是身体与灵魂所付上最残酷的投资。圣经警告我们犯奸淫罪将人带向死亡之路："至终却苦似茵陈，快如两刃的刀。她的脚下入死地；她脚步踏住阴间。"（《箴言》五章4～5节）

又譬如说，贪吃看起来好像在享受神所造的美物，在享受人生，事实上贪吃夺取了你真正享受生命的机会，也伤害你的身体与灵魂。你所拥有的财富外表看起来能让你享受人生。因为这些东西看得见、摸得着，人就以为这是生命。拥有精品美物确实能刺激感官，让人经历强烈的愉悦感。但是物质主义其实只会伤害你，因为这些夺取你心思的物质无法赐给你生命。物质主义让你的灵魂萎缩，最终引到死亡。

圣经一次次地警告我们，生命的价值超过物质的"面包"。在小孩子身上也会发现这种现象，对小孩子来说，为所欲为、无拘无束才是真正好的生活。不顺服比顺服要好，因为不顺服似乎让他快速得到他所要的。但是圣经说得正好相反，神给那些孝顺父母的人所应许的是长寿。

我们必须听取基督的警戒，因为这"死亡假装成生命"的伎俩会一次次地来愚弄我们。我将前面路加福音中基督的话整理成四个标题来分享，就是：主的呼召、道理、问题及警戒。 让我们一起来看基督的话。

主的呼召： 你必须死

耶稣说："如果你要成为我和我国度的一分子，你必须舍己，背起自己的十字架，来跟从我。"这里的三重命令是通向真正生命的唯一门路。 耶稣呼召他的门徒来跟从他的榜样行，这位替众人死并赐生命给我们的主，应许将赐生命给那些愿意顺服他旨意而死的人。

舍己：让自己的优先地位死

从我们小时候，爱己的心就决定了我们的所行所言。我们会为玩具、最后一碗麦片粥、谁先使用洗手间而发动争夺战。我们为了能被人看成行为端正、具有吸引力、胜过邻舍及工作上能高升而汲汲营营，为了成为中心人物、众所爱戴而努力不懈。我们真的很爱自己，为自己的生命计划周详！我们不择手段要得到自己所"需要的"。如果我们很诚实，我们中间许多人会说如果生活在专为自己的世界里我们会十分满意。但这里基督要我们做一件不可思议的事，他要求我们向那位很难说不的人说"不"，这人就是我们自己！

基督基本上是说："如果你想要生活，如果你想要经历永恒国度里超越的喜乐，那么，你必须放开你抓住生命的手，用你的双手将你的生命归还给我。"请扪心自问："在我的生活及工作上，我是否跟随了基督的呼唤?"或许你在想:"老实说,保罗,我不知道那会是什么样的情况。"好,假设你的生命是一项投资,每个人每天都为了追求某件事而将自己的时间、金钱、天赋、精力、人际关系及一切资源投注其中。你是否将生命投资在你的生命上呢? 你的生命是否有比你的需求更高的目标呢? 你是否很难对自己说"不"呢? 你是否总是因他人无意拦阻了你想要得到的事而恼怒呢? 你是否还是紧紧抓住你的生命,好像它真的是属于你的呢?

背起你的十字架：让追寻自我生命死

十字架在这段经文中特别突出。这似乎是世上最荒唐的事,是历世历代以来最不可思议的事,是一个天大的错误,最糟糕的笑话。神要是拿着人的生命,在众人面前恶毒、不公正地任意摧残,怎么会有好结果? 十字架似乎毫无正面的意义。那是给罪大恶极、最卑贱罪犯的一种可怕的刑罚。那是在城外山上公之于众的耻辱,且总是以死亡结束。

但是十字架并不是一个玩笑,它是历世以来最美丽的矛盾,弥赛亚的死亡是他将生命赐给凡信他的人的唯一方法。十字架的盼望在于主甘心乐意为人作了祭物,这也是主耶稣呼召人天天背起自己的十字架的真正意义。献上他自己的生命而使我们得着生命的那一位,正在呼召他的门徒,为他献上自己的生命。在这个只知道自我国度的世界里,要想为基督伟大的国度而活,必须经历苦难与牺牲。

你甘愿为主献上什么呢？金钱、生活方式、名誉、房子、声望、权利、他人对你的看法、你的车子、你的友谊、你对将来的计划？在这些乐趣中，有哪件事是你拒绝将其钉在你的十字架上的呢？

来跟从我：向自己的计划死

你的生命正走向何方？你跟着谁的计划走？谁的梦想决定你所做的一切选择和行动？你每天、每周、每月或每年的行事议程是谁设定的？如果你的计划成功，你的生命会是什么景况？基督现在呼召我们放弃自我的规划，呼召我们因着他对我们一生的旨意而愿意向他交出一切。我们既是他的儿女，就不该再过着以自己为主、自我掌权的生活。是的，神呼唤我们进入一个远大于我们自己所能规划的境界。凡我们所思所慕、所言所行的事一定要配合神赐予的这个新身份。我们蒙拣选、受呼召做一个跟从主的人。这意味着我们不能再有作主人的心态了。主耶稣以他自己成为赎价，将我们买赎回来，因此我们的生命不再属于我们自己（参考《哥林多前书》六章19～20节）。究竟是哪一个身份决定你对生命所采取的各样行动及回应呢？你的生活看起来是否像个小国王呢？你是否将基督给你的呼召挤进你为自己所设计的整体规划之中呢？

比尔还在读高中的时候就为自己设计了一整套规划。他早知道将来要做什么事，也知道将来要过什么样的生活。他下定决心不让任何障碍来拦阻自己。问题是，比尔是个忠实的信徒，而他的计划与神对他的计划起了冲突。 若按他自己的计划行，他不会有多少时间放在家人和教会上，也没有服侍他人的能力。 他的计划就是他的计划，这个计划是如此周密，根本没有留余地给神。比尔从没有离弃他的信仰或离开教会，但他的内心深处似乎找不出他是基督徒的迹象。 比尔的问题在于比尔是他自己的主人，而从来不是一个跟从主的人。

　　基督呼唤所有神的儿女参与三重的死： 让自我优先死，让追寻自我生命死及让追寻自己的计划死。 你是否过着这样的门徒生活呢？ 你是否跟从主的榜样行？ 只有当我们向自己生命里所夸耀的虚荣死，我们才能开始经历为主而活的超越荣耀。 只有在我们情愿去行那不可思议的事（掌管我们自己的死亡）时，我们才能拥有那奇妙之事，即我们为之受造的超越。

逻辑： 将我们从灵里自杀中拯救出来

　　为什么主呼召我们去做的事是这么困难？ 为什么他不要我们做比这三重死亡更轻省的事？ 答案是，因为基督知道罪的特性与惰性。 罪的本质在于它专注于自我。 罪将我们从神伟大的国度中分离，走向自我小王国；罪让我个人的欲望及需要来掌管我自己的心；罪使我为自己和他人设定规则；罪甚至让我将神的恩典用在我自己的事物和目的上；罪使我想为自己设计人生，并且要神来签名背书；罪让我变得苛刻且没有耐心；罪使我用两手抓紧自己的生命，为自己的目的用尽各样的方法来维护这个生命。

相反的，基督不但要我们心甘情愿地参与自己的死亡，还把这个呼召背后的道理显明。 在这段经文之中，我们可以看到这个伟大国度深邃的原则： **凡要救自己生命的，必丧掉生命；凡为我丧掉生命的，必救了生命。** 再说一次，自我小王国应许要给你生命，但至终带给你死亡。 当我处心积虑要抓住一心想成就并享受的梦想时，结果却是我永远不能经历真正的生命。 我反而经历到灵命的渐渐萎缩，直到最后不再留下任何气息。 你知道，在我们与主的关系之外根本找不到任何生命，因此，如果想在那位生命的本源以外寻找生命的话，我其实是在灵里自杀。

小王国的应许至终不会成就。 这些应许只会落空，因为只有在主那里才有我心灵赖以存活的氧气。 成就、认可、外形及财富，这些可能暂时带给你某种身份、意义及目的。 但在取得的过程中，其实它们是在奴役你，最后你会觉得极其失望。 我们多半的人都有过这种灵里自杀的行为。 我们从枯竭之井中找水喝，吸入的不是氧气，在这些过程中，甚至不知道自己正走向死亡。

当你抓紧生命为了确保你将拥有生命时，你其实正在摧毁所有经历并享受生命的可能性。 你为之受造的那些超越的喜乐与福分只有在放弃自己生命时才能得着。

让我举个例子。 基督在《马太福音》六章 19 至 34 节指出：为自己的饮食及享乐而活带来的总是忧心与焦虑。 忧虑不能让我的生命有任何改变。 经过一小时的焦虑之后，我所担忧的事没有任何变化，但忧虑本身却让我有了变化。 忧虑好比是属灵的癌症，消耗了我的时间、心力、勇气、盼望、品德、人际关系、目标、敬拜、喜乐及满足。 我告诉自己忧虑能保护我的生命，但真正经历的却是死亡；即内心各样良善之死。 抓紧自己生命的这个计划注定是要失败的。 那是致命的疾病，你永远不会成功。

你得承认，你热爱自己，并且为自己的生命有个美妙的计划，然而主也知道你爱自己的心。 他知道你对自己的生命有着坚定不移的执着。 他知道你渴望有掌控、保守及管理自己生命的能力。他也知道这种力量是如此强大，只有死亡才是解决问题的唯一办法。 只有当你放弃你虚浮的生命时，才会想要以真正的生命来取代，只有这种爱神、敬拜顺服神的生命才是你真正的生命。

问题： 如果你赚得全世界会怎么样？

我清楚记得那一幕景象，好像那正是为这章内容所设计的。在这幅景象中间有一幢豪华的房子，矗立于山丘上，有一面墙全是玻璃做的。 四周园地修剪得非常整齐，有苍翠繁茂的树木及美丽的花朵。 我认得那儿的每棵植物，因为我是园丁。 那里还有一座游泳池和一间很大的温室。 车房很大，所有的名牌汽车都排列在车道上，很难想象这家主人还缺少什么东西。 他拥有的财富是难以想象的，他也同时拥有权力及地位。 他的财富多得让他不知道如何使用。 他拥有一切，却是一个没有灵命的人！

一个人会为了生活、工作和成功而失丧生命中唯一值得存活的事，还有什么比这更凄惨的？ 这个住在山丘上的人，向来只为自己的财富而活，因此他灵里变得惊人的贫乏。 没有什么比投资于自我王国更可怜的了！ 如果你是世上最富足的人，却失去神要你在世上经历的事，没有跟神的亲密关系及献身于他的荣耀，还有什么益处呢？

虽然我知道这个道理，但有时仍会认为与妻子享用一顿佳肴，胜过将那些钱用在神国的事工上。 有时觉得能被朋友接纳比对主的爱更能带来生命。 积攒财物与品德的成长相比，前者似乎更让人觉得生命有意义。 你很容易就将生命投资在错误的珍宝上。 你很难记住生命中最重要的是看不见的事，我那住在山丘上的雇主并没有妥善投资他的生命。 耶稣会说，以这种方式过活的生命是毫无益处的。

警告： 喜爱小王国的危险

耶稣在《路加福音》九章 26 节说："凡把我和我的道当作可耻的，人子在自己的荣耀里，并天父与圣天使的荣耀里降临的时候，也要把那人当作可耻的。"他这句话是什么意思呢？ 以耶稣为耻的人宁愿选择世界和世界所能给的。你实际上否认了基督在你生命中当有的地位，而让主以外的事物掌管你所朝思暮想的，这也意味着拒绝基督所赐的生命而往他处去寻求生命，以为物质世界珍宝的价值远超过认识基督的价值。

现在可以理解，基督所指的不是你所信的神学观，或你能写出来的信仰论文。诚然，主所说的乃是那些让你兴奋，受到激发的珍宝或乐趣。这些珍宝或乐趣能塑造你的所思所想及所言所行。但主同时给了一个警告："否认我在你生命中正确的地位，我就否认你在我荣耀中的地位。"这在警告内心常摇摆的我们，千万不要掉以轻心。

你是否在礼拜天尊崇主，而周间却将生命的热情与行动投资于主以外的珍宝上？ 不错，你必须工作、饮食、休息、投资及与人交往。这里的重点在于，那掌管你心、设定你的行程及作息、行为的究竟是什么？

甜美的应许

基督的呼召看起来确实很难："舍己，背起自己的十字架，来跟从我。"但这艰难的呼召其实是个恩召。 事实上这是一个拯救的方法。 基督呼召你死的同时，其实是在保守你免受死亡。 主知道你有否定灵命的倾向，所以他不会撇弃你。 他知道你会视生命为死亡，视死亡为生命。 他知道你在看到不属于自己的东西时会握紧拳头，看到赐给你的礼物时却拒绝伸出双手来承接。 还有什么比我得到我想要的一切，却错失我受造的目的更可怕的呢？ 他发出死亡的呼召，其实是要给你一个做梦都想不到的生命——是一个喜乐、满足、有目的及丰盛的生命，是这个悲惨、破碎的世界无论如何都给不出的生命。 缩减你的生命成为你生活的尺寸并不是真正的生命，它是死亡戴上生命的面具罢了。

然而，因着神无限慈爱和奇异恩典，他对我们的每一个呼召都是以安慰来包装。 每个诫命都是欢迎，每个恳求都有怜悯的色彩。 听一听《以赛亚书》五十五章 1 至 2 节神的邀请：

> 你们一切干渴的都当就近水来；
>
> 没有银钱的也可以来。
>
> 你们都来，买了吃；
>
> 不用银钱，不用价值，
>
> 也来买酒和奶。
>
> 你们为何花钱买那不足为食物的？
>
> 用劳碌得来的买那不使人饱足的呢？
>
> 你们要留意听我的话就能吃那美物，
>
> 得享肥甘，心中喜乐。

何等丰盛满足的生命！ 我们乐于知道这是超过你所能计划或成就的事。 你若是神的儿女，你的生命就有超越的意义及目的。 但是你若紧紧抓住你的生命，就得不到这些应许。 以赛亚可以这样对我们说：“你为何对那些绝不会让你满足的事如此卖力呢？你为何要投资于那些绝对不能成就的事情呢？”这具有超越意义、目的及喜乐的奇异生命只能在你放弃生命时才能找到。 只有在你愿意舍己，背起你的十字架来跟从你的主时，你才能开始经历到你受造时的超越人性。

请记住，基督对你的呼召其实是拯救。 在他要你舍己、跟从他的同时，他要赐给你的是凭着你自己永远无法达成的事。那是在你的婚姻、教养儿女、累积财富、朋友的推崇、神学知识或最美丽的地方都找不到的。 基督要赐给你的是你不能赚到、这个受造的世界也无法给你的事： 他所给的是我们因认识基督而拥有超越一切的荣耀。 这是世界上最佳的奖赏，是宇宙中最美的佳肴。 唯独这件事能提供你生命的意义，并以持久的喜乐来满足你心。

挑战巅峰

在你每天生活环境及人际关系上，

哪件事让你觉得最难做到舍己，

背起自己的十字架来跟从基督？

Q

你的注意力集中在哪里？

第 **10** 章

专注于耶稣

聚焦：一个有吸引力、受关注或行动的中心点

基本上，伟大国度的生活
就是专注于耶稣的生活。

有一样事工的名字是"专注耶稣的事工"。 我起初认为这名字起得太矫揉造作，但它背后的意义让我越来越喜欢它。 这个名字将这事工一语道尽，这是神呼召我们的主要目的。 凭着神的恩典，我们从自我专注的生活中被拯救出来。 罪使众人倾向于献身属世的珍宝，并为那些以被忧虑缠裹的需要而活。 但恩典呼召我们过一个更新且更美好的生活，这种生活方式要我专注于主自己及主的事工和旨意。 恩典在自我满足的小王国上敲了一个洞，将我拉出来置于神的伟大国度之中。 伟大国度之所以伟大，在于它是专注于耶稣，耶稣正位于这国度的中心点。 当耶稣不再是焦点和中心点时，伟大国度就破碎成千百万个自我掌权的独立小王国。 伟大国度的生活就是专注于耶稣的生活。 这句话究竟是什么意思呢？

我们在前两章已经思想过这个问题，但我愿意为这问题多作些解释。 我担心的是我们基督徒往往滥用基督教的术语，似是圣经里的名词，却让人听得模糊不清，得不到益处。 有一次我在一场退修会主讲信心的生活。 一开始，我要会众解释一下什么是信仰。 第一个人回答：“就是相信。”我接着问：“相信又是什么意思？”有人回答：“就是信赖。”我又问：“信赖是什么？”又有人回答：“就是有信仰。”你看到什么情形了吗？ 人用基督教术语来为圣经的话下定义。 因为人常用这些字眼，用得滚瓜烂熟，但他们对这些字的意义并不十分明白。 事实上，当我们更深入讨论时，可以很清楚看见没有多少人对信仰有明确、实际的定义。 然而，保罗曾说过：“义人必因信得生。”对信徒来说，还有什么比明白属灵信仰更根本的事呢？

所以，我更要对伟大国度、以基督为中心的生活作明确的解释。 伟大国度的生活就是以主耶稣基督的目的、本性、恩典及荣耀，作为我们思想、言行的中心、动力和盼望。 能够如此生活，就能再度经历神的超越，你正是为此超越而受造，你也能从捆绑中得到释放。 这种生活方式带出的结果是一个有意义、有目的的生活，因此，无论神放你在哪里，你都能带出影响力。

专注于耶稣的生活： 一种模式

旧约中有一段经文可以为伟大国度的生活，即以基督为中心的生活作更明确的定义。 在旧约中也能看到以基督为中心的经文。因为耶稣不但是新约的主，也是旧约的主。 这段经文是以色列人准备过约旦河到应许之地时，神藉摩西给以色列人最后的教训。每次我读到这段神的话语，觉得就像是父母对即将离家进大学就读的儿女所说的话。 在他们离开前，父母想利用短短的五分钟，把过去十八年对她所说一切重要的教训及价值观，还有人生的属灵世界观，必要的神学、伦理学及护教学全塞进她脑中。《申命记》十章 12 至 22 节这段经文正有如此丰富的意义。

以色列啊，现在耶和华你神向你所要的是什么呢？只要你敬畏耶和华你的神，遵行他的道，爱他，尽心尽性侍奉他，遵守他的诫命律例，就是我今日所吩咐你的，为要叫你得福。

看哪，天和天上的天，地和地上所有的，都属耶和华你的神。耶和华但喜悦你的列祖，爱他们，从万民中拣选他们的后裔，就是你们，像今日一样。所以你们要将心里的污秽除掉，不可再硬着颈项。因为耶和华你们的神，他是万神之神，万主之主，至大的神，大有能力，大而可畏，不以貌取人，也不受贿赂。他为孤儿寡妇伸冤，又怜爱寄居的，赐给他衣食。所以你们要怜爱寄居的，因为你们在埃及地也作过寄居的。你要敬畏耶和华——你的神，侍奉他，专靠他，也要指着他的名起誓。他是你所赞美的，是你的神，为你做了那大而可畏的事,是你亲眼所看见的。你的列祖七十人下埃及;现在耶和华——你的神使你如同天上的星那样多。

伟大的问题

这段经文以一个很有深意的问题开始,这是献身于伟大国度生活的人所能问的最好问题:"神向你所要的是什么?"这里的重点不在于行一套与众不同的事,而在于如何以**崭新的方式**来回应神已经放在我们身边的事物。比如: 身为一位配偶,神向你要的是什么? 身为父母,神向你要的是什么? 身为一位朋友或邻舍,神向你要的是什么? 身为基督身体的肢体,神向你要的是什么? 在你所属的社区、城镇、州县及国家内,神向你要的是什么? 身为一名雇员,神向你要的是什么? 处在这个地球上,神向你要的是什么? 神对你所拥有的产业及财务有何要求? 从你对这些问题的回答就能强有力地显明你的生活方式。

让我们来思考一下申命记回答这问题的三个层面,这三个层面分别是**敬畏、行为及喜爱**。

敬畏

"敬畏耶和华"是什么意思呢? 我们中有些基督徒,以为基督信仰能带来舒适的生活,需要得以满足,神是我最好的朋友。其实敬畏耶和华的意思就是我随时随地都深切体认、敬畏及尊崇神的能力、圣洁、智慧及恩典。敬畏神的意思就是以敬畏尊崇的心作为我思想、恋慕、说话、行事唯一不变的推动力。

以基督为中心的生活是什么意思呢？就是我们对神的敬畏要大过一切事物，以这样的敬畏心来决定我们一切活动及回应的议程。这是伟大国度生活的精髓。自我国度的驱动是借着我们对其他事物的恐惧：如我们怕人、怕不舒服、怕困难、怕失败、怕自己的心意不能满足等。这里的原则乃是这样：如果神得不着我们心中对他的敬畏，他就不能得着我们的生命。如果我们将惧怕不讨神的喜悦看得比一切都重要，我们就会以新的方式来生活，因为我们的心已被对神深切、崇敬、爱慕的敬畏所占领。

行为

以基督为中心的生活不只是一种心态，更是一种生活方式。神将他的话语赐给我们作为每日生活的指南。我们无须为到底该如何成为以神为中心的邻舍、父母、朋友、雇工及国民而为难，也不用为了如何以神的方法来处理我们的产业、财物、忧伤、忿怒、机遇及责任而发愁。我们无须困惑于如何去思想、管制我们的欲望或困惑于该盼望的是什么。神已经用他的话明确地向我们显示他对我们每日生活的旨意。我们的主要工作不是去发现神的奥秘，而是听从神已经向我们发出的启示。因为神话语中的诫命、指引及原则会来引导我们过一个侍奉神的生活。

喜爱

伟大国度与自我王国根本上的不同在于，究竟是什么夺取我们心中的爱慕。正如基督在世宣教时说过的话，神的国不是一个地方。你不会对妻子说："亲爱的，我们明早起来去参观神的国度。"不，耶稣说："神的国是在你们里面。"无论伟大的国度或微小的国度都是在心里面。因着对神深切感恩的爱慕，人在内心塑造了伟大的国度，也因着对自己的爱慕而塑造了心中微小的王国。当我爱自己超过一切时，我真正属灵的光景会显露出来，我一定会将我所喜爱及关切的事、奉献及操练的事、盼望及梦想的事减缩成自己生活的大小。如果我爱神胜于一切，神就将我远远带离自己需求的限制，进入神国的宽广之中。在那里，每天生活的目的就是万物的救赎与更新。伟大国度与小王国生活的不同在于，究竟是什么或究竟是谁得着我们心中的爱慕。

当你嫉妒一位同事时，谁得着了你的爱？当你和妻子争吵时，谁得着了你的爱？当你愿意做任何事来博取他人接纳时，你是在爱谁？当你因计划受阻而沮丧不已时，你是在爱谁？当你在电脑或电视前过度麻痹自己时，是谁拥有你的爱？当你将自己的需要给出去时，谁得着了你的爱？当你愿意成就两方的和平而不偏袒任何一方时，谁得着了你的爱？当你不为自己伸冤而愿向人施怜悯时，谁得着了你的爱？

当记念的事

在这个以基督为中心的生活模式中，随着"神向我要的是什么"这个伟大问题而来的，是一个重要提醒：伟大国度的生活是靠着记念主来推进的。但令人惊讶的是，他常常被我们这些罪人忘记。我们的思想常被每天必须做的事、所面对的困难或四周的人所霸占，让我们忘却荣耀之主要召我们进入他的超越之中。我们的时日也常被切慕的喜好及那些因"如果……就怎么样"的愁烦给诱拐去。伟大的国度确实是从记念这位王开始。这不是一种神秘的灵界运作。它是最基本的敬拜。这是爱主胜过爱我个人的各项企划案（PDA）。这是喜爱他的荣耀胜过关心自己的时间表。这是关切他的恩典能广传，他的名能广为人知，更胜过关心我的下一个营销业务、下一次的升迁、漂亮的房子或与友人愉悦的午餐。请扪心自问：当你开始新的一天，你的心灵、眼睛被什么事充满？是什么"看不见"的事在吸引并推动着你？你看见神了吗？你是否被他深深吸引呢？你是否切慕自己的一天就是神的一天呢？你是否看到他在你生命中的恩典、能力及主权呢？

让我们再回到《申命记》十章 14 节，这节经文是用"看哪！"（Behold）起头。它是比"看"（Look）这个字更准确的用法。下面是作者要我们关注于主的几个重点：

1. 天上的、地上的所有事物都属于神。 世界原是属**他**的，我绝不能以为我在生活中拥有任何东西。

2. 你之所以是你，以及你之所以有今天，全是因为他的恩典。 （15 节：“耶和华神定意要爱你们的列祖。”）

3. 你的主极有能力，他是万王之王。 （17 节：“因为耶和华—你的神是万神之神，万主之主，至大的神，大有能力，大而可畏，不以貌取人，也不受贿赂。”）

4. 他是有公义、慈爱与怜悯的神。 （18~ 19 节：“他为孤儿寡妇伸冤，又怜爱寄居的，赐给他衣食。 所以你们要怜爱寄居的，因为你们在埃及地也作过寄居的。”）

能“看见”神的生活方式是怎样的情形呢？ 它是指凡我所拥有、能触及或能经历到的事物，没有一样属于我并归我自己使用，这些全属于主并归他使用。 它是指我的一生不会因缺乏而觉得不满足，却因拥有那些不配有的东西而在心中深存感恩。 它是指我的生活充满盼望与激励，不是因为这是建立在自己能力的基础上，而是因为我安息于主的能力及他凡事都必成就的应许上。 它是指我会将自己献身于比个人的存活、满足及快乐更大的事上。 是的，正如主一样，我会为那更美的生命献上自己，那是一个充满公义、慈爱与怜悯的生命。 我绝不容许自己让那些我所喜爱、挂心之事来缩减我生命的尺寸。

随时记念主是伟大国度，就是以基督为中心的生活中最重要的操练。

神的呼召

继那伟大的问题及《申命记》十章中的提醒之后，神呼召我们应当有一种心态。 这是最要紧的一件事。 记住，自我小王国与伟大国度的争战基本上是一场心战。 你心所畏惧与所爱慕的事会来塑造你的生命。 耶稣成就的大事所带出的光明应许是他要赐下一颗新心，这怎能不让人深受激励？ 因为基督活在世上、为人受死及复活，为你我提供了改变人心的恩典。 所以，这段经文呼唤我们要弃绝为自己建造小王国的意图，以一颗新心来塑造我们的生命，这是极为合理的事。

你生活动力及意图的中心

是什么？

Q

你为哪些事情叹息？

第 **11** 章

叹息

满足：在信心中接受那些令人满意、正确、可靠或真实的事物

面对永生，

我们每个人都应不满足于现状。

凯特站在前廊，看着孩子们等待第一天上学的校车，她突然觉得：自己拥有了想要的一切。三天前，她和布兰特才带着孩子回来，在海边度过愉快的一周。在他们住的有一百五十年历史的农家后院，有着满园的菜蔬等着他们去收成。布兰特有份很好的工作，他的双手很灵巧，能修理很多东西，最重要的是，他是她最好的朋友。他们所住的小镇中心只有一条街，像是 1950 年代电影里的场景，从他们家开车只要三十英里就能进城购买一切所需用品，那里也有艺术、文化可以让他们享受。

凯特有一帮很亲密的女性知己，大家年龄相近，一样有同龄的孩子。她喜爱每周二与她们聚集，孩子们一起在院子里玩耍，她有好几个钟头跟朋友聊天、欢笑并分享一切。当她站在前廊看着

自己的孩子，乔希、艾文及卡西时，她觉得她的家是最完美的家庭。

他们卖了城里地段良好的公寓后，所得的钱不但足够买下这幢梦寐以求的农舍，还能把内部全部翻新。 环屋走廊上摆着白色藤制家具，只要天气许可，这里是他们晚间休憩之地。 她很喜欢在园子里劳作。 过去住城里时，她几乎养不活那两棵室内植物，现在全家居然能吃到自己种出来的菜蔬了！

校车离开后，凯特坐在白色藤椅上，沉浸在自己的思绪中。她想到布兰特，记起第一次与他相见的那晚，如果你认为撞倒一个人又把饮料洒在他身上算是会面的话。 她喜爱他那天表现出来的幽默感，所以答应再见面。 凯特当时刚刚失恋，并不想马上再谈恋爱，她之所以愿意和布兰特交往，是因为他能使她欢笑。 他们之间的关系并不完美，但凯特知道她朋友们在婚姻上所经历的问题，她知道自己有许多值得感恩的事。 想到布兰特，凯特就不由自主地笑起来，他穿着可笑的袋鼠短裤匆忙地刮着胡子，再换上衣服赶进城里去上班。 她在前廊等着他，他手上拿着温热的咖啡，领带歪斜，像往常一样又快迟到了。 她很快与布兰特道别，为布兰特能找到自己喜爱的工作，并在工作上很成功而感恩。

经过不断祷告，她领受神的呼召，决定参加镇上的教会，教堂离镇中心不远，看上去就像是卡片里的优美小教堂，即使牧者不是最好的讲道人，但他让人感到很温暖，地点对他们也很方便。 在教会，凯特喜乐地帮助婴儿部的联络事工，也做些油漆、装饰的工作，那里每个主日都充满生气，充满婴儿和年轻妈妈们的声音。凯特和布兰特从来没有参加过这么小的教会，但教会里家一样的欢乐气息补偿了大教会所能给的各项活动。 从她家的前廊可以看见教会的尖塔，等孩子再大一些，他们也可以遵照镇民的传统走路去教会。

突然，她想起今晚要到城里和布兰特吃晚餐、看表演，这之前还有许多事情等着她去做。 她立刻拿起茶杯，进屋整理孩子们上学前留下的烂摊子。 这是每天早上都会上演的戏码，虽然有许多繁忙的工作，凯特还是觉得她是多么热爱自己的生活。

易于满足

凯特能因神在她生命中赐下一切美好的事物而感恩是件很好的事，但从另一个角度来看，凯特对这些事物的反应是错误的，因为与伟大国度的生活目标不吻合。

不错，凯特现在享受的都是神所造、所赐的美好礼物。 从某个角度来说，凯特能有满足感是个正常的反应，但在这优美的田园景象中潜伏着一个问题。

从远距离来看，凯特与布兰特的生活似乎非常敬虔，看不出有明显违背神诫命的行为。 他们之间有良好健康的关系，在教会积极参与各项服侍，一心想将神的事教导给自己的孩子。 他们之间不常发生冲突，没有债台高筑，也与邻居关系和睦。然而，在这景象中有件极其错误的事，看起来敬虔的事，其实一点都不敬虔。不敬虔并不是指犯某些罪，它是指从神以外寻找自己的满足，这会使我们的心无止境地犯罪。

凯特的问题在于她太满足了，从她身上看不到一丝不满意、不知足的迹象。虽然她是一位基督徒，但看不出她的满足与神的国度有任何关系。凯特是因她自己小王国的梦想成真而生发感激之情，她的问题在于她很少为任何神国的事发出叹息。

叹息有时

有人说，每位基督徒从信主开始直到最后回到天家，所使用的默认语言（default language），应该是叹息。保罗在《罗马书》八章 22 至 25 节中这样说：

> 我们知道一切受造之物一同叹息、劳苦，直到如今。不但如此，就是我们这有圣灵初结果子的，也是自己心里叹息，等候得着儿子的名分，乃是我们的身体得赎。我们得救是在乎盼望，只是所见的不是盼望，谁还盼望他所见的呢？但我们若盼望那所不见的，就必忍耐等候。

请注意这段话的逻辑。我们应当发出叹息是因为神所应许的事尚未成就，神国也尚未完全显明。 我们应当发出叹息是因为我们还没达到神差遣他儿子为我们流血的目的，并且这世界所能给的短暂快乐绝不能让我们满足，这暂时的快乐反而在我们心中留下一个空洞。 我们应当发出叹息是因为我们在各样环境和情况中都看见罪造成的毁灭。 我们明白自己是多么容易受试探，竟然到世界中汲汲营营地寻求只有在主里才有的丰富，以及在永生里才能成就的事。 在永生的这一边，神伟大国度的默认语言就是叹息。 当我们为以上各种原因发出叹息时，我们才有正确的心态。 只有那些愿意交出对小王国的爱慕并对神国有兴趣的人，才会发出这样的叹息。

满足与缩减

凯特的问题不在于她是否感恩，而在于她太容易满足，如此一来，她就将生命的尺寸缩减成生活的尺寸。 的确，她下定决心要照着圣经的教导来生活，但在这外表看似基督徒的生活方式里面却缺少一件极为重要的事。 就是救赎的叹息——如《罗马书》八章所说的，那是神子民所发出的痛苦呼求。 ——这是在凯特的生活中没有的。 当你擦去她生活的表层时，你会惊讶地发现：那些让凯特心满意足的事，完全与主无关，也与敬虔无关。

让我们看一下哪些事会让凯特得到满足。

满足于属世的短暂享受

　　凯特得到满足的源头是什么？是她有办法从这世界得到并经历到那些令她梦寐以求之物。她拥有如画一般的乡村小屋；丈夫既英俊又善良，并且工作勤奋；有三个健康的孩子；后院还有个菜圃；只要开半个钟头的车就到邻近的大都市享受艺术文化生活。有一帮喜好相同的朋友，彼此相处融洽。他们没有任何债务，橱柜里塞满了食物。

　　这些事物原不该成为她个人满足的源头。在她信心表层之下，那些让她得到满足的东西完全与神无关，都不是神国所要的东西。那些都是凯特自己心里想要的，都是靠她自己就能得到的东西。在神以他的恩典邀请她进入的伟大国度正中央，她为自己建立了一个小王国。若是布兰特遭遇任何事故，例如失去工作的话，他们就得卖掉房子；或者是孩子生了病，凯特内心的喜乐感与满足感一定会立刻消失。她对这些东西的满足并非敬虔的表现，因为这些都不是朝着神的方向去的。如果你看了凯特一生的记录，你不会觉得她曾为比她自己更大的事而活。她一点都不期盼那些她没有的东西。她对神在她身上的旨意至今尚未成就丝毫不觉悲伤。她不是像产痛的妇人那样痛苦地等候那将要来的事，而是为已经得到的物质享受心满意足，这就是她的问题。

救赎大工的半成品

　　从一方面来看，凯特为她能成为一位基督徒并嫁给一位基督徒充满感恩，也为她所相信及引导她生活的圣经原则感恩。但从另一方面来看，她太过于满足现状了。从凯特的生活中看不到她省察自己、勤奋并努力祷告，她不是一个愿意成长的人。相反的，我们看到她只是满足于神在她身上开始的善工，即使这工作尚未成就。在她心目中，个人属灵成长一点都不重要。不错，她定时参加教会及妇女查经班。她为自己有基督徒的丈夫感到高兴，但是她缺乏热忱来亲近主，好让自己在品格及信仰上皆有大幅增长 —— 凯特所满足的只是一个救赎大工的半成品。

凯特看待周遭的世界时也是这种态度。就像其他人，她也会抱怨别人的粗鲁，政治的腐败，城里的社会问题。当她看到非洲贫穷儿童或某处风灾的报道时，偶尔也会掉泪。但她从来不以神伟大国度的眼光来看这个世界。凯特不为她的世界叹息，是因为她非常满足于自己的世界：她没有经历上下班塞车之苦，离家不远就有一家很好的食品杂货店，小镇和善的镇长是她的邻居，她的产业够大，也不需要去讨好别人。凯特不会为内心的世界哭泣，因为她是以小王国的眼睛来看内心的世界。虽然这个世界距离神伟大国度的要求甚远，但这正好符合她小王国的利益，所以在她看来，一切都好。她完全不知道《罗马书》第八章所说叹息是伟大国度的默认语言是什么意思。

彼此满意，普通的人际关系

如果去看凯特一生的记录，你会看到她的各种人际关系。其中没有不健全或有冲突的关系，她似乎都照着圣经的教导来看重每个关系，但对凯特来说，人际关系是个终点，而非达到终点的途径。对她来说，一生中与她有关系的这些人是她快乐的源头，而不是神使用的器皿，为的是要继续在她及这些人身上成就他的善工。因此，凯特的人际关系多半只维持在肤浅又普通的层面。他们所谈论的不外乎天气、食谱、各样的活动、政治及发生在孩子身上的事。深层的交往会令她紧张，且要花上太多的时间与精力，她为这些人能尊重她所定下的交往界限而感恩。

再说一次，问题不是凯特对自己的人际关系不满意，而是她太容易满足了。凯特为自己的小王国编织了一张人际关系网。这些关系与神及神对凯特的旨意、神对世人的计划完全无关。这些关系不过是她追求轻省、愉悦生活的一部分罢了。凯特对神超越的荣耀视而不见。如果她愿意去追寻另一种关系，这种关系的驱动力来自于神伟大国度的旨意，而不是她小国度的愿望，这荣耀可以是属于她的。凯特短视的意足可以从她没有叹息的人际关系上显露出来。如果你追寻的是神为你的人际关系所定的计划，你就会叹息，因为你将面临神的裁决，你和其他人究竟距离神所说的好与更好有多远？追寻符合伟大国度的人际关系一定会让你面临自己的有限，使你不得不向神发出呼求，因为只有神能帮助你。正如凯特一样，你也是太容易满足于这种没有负担又肤浅的人际关系了。

最终的满足

人从哪里可以得到最终的成就感和知足呢？ 唯一的方法就是来到神的面前。 为神而活的确能让人满足，但我们往往不以神为满足，反倒忙于让物质世界短暂的快乐来满足自己。 在来到神面前之前，我们就已经决定要让某些东西来满足自己。 我们寻求神，以为这样他就会赐给我们在物质、人际关系及各样环境上的满足。 但神却不要我们得到这样的满足，他要我们去经历更深切的饥渴，迫使我们放弃自己的喜好，最终在他里面找着真正的满足。

你知道，神创造的万事万物，它们本身**并不**邪恶。 它们的存在主要是为了彰显神的荣耀，其次才是供给我们享受。 这些事物绝不能成为我们心中的满足。 凯特从不叹息，她总是以物质、理性及环境上的事物为满足，因此她将生命的尺寸缩减成自己生活的尺寸。

小王国的生活在于对受造世界的满意与否，它不断寻求自我需要的事物或是认为能让我满足的事物。 其实这些乐趣远不如认识并侍奉神及遵行他的旨意所带来的乐趣，而且往往会带出腐败的果子。 因为地球上一切受造之物并不能真正让我得到满足，这些物质只会让我变得肥胖、不健康、上瘾；心中充满苦毒、受害及失望；变得易怒、嚣张及喜欢控制人。 在小王国里享乐的渴望控制了我们的内心，让自己的身心受到伤害。

所以我们对不敬虔要有一个新的定义，不敬虔的含义远比不能遵守一系列的规则更深邃。 不敬虔是指我的生命贪爱现今的乐趣，使我的心不再停留于神的界限之内。 不断在那些眼所能见、手所能摸、舌所能尝、耳朵所能听见及触手可及的东西里寻找满足，这会使我在内心及行为上犯许许多多的罪。

伟大国度生活是指活在深切感恩及每日叹息的两大张力之中。我之所以感恩，是因为我已经蒙了拯救，并且神不断将我从属世的捆绑中释放出来。 我之所以感恩，是因为我正学着将受造之物放在它当有的地位。 好比我会为一朵美丽的花、香甜之气及精美的美食发出感谢，我为神放在我生命中的人、为日落及河川、为崇山峻岭及各种动物感恩，为这一切能彰显神荣耀的事物而感恩。 但最重要的是，我为神已经打破了辖制我的权势而感恩，并且教导我不要想从这些东西找到心中的满足。

同时，我也发出叹息。 叹息是因为这是一个破碎的世界，随处都可看见残破的景象。 我之所以叹息，是因为我尚未借着神的恩典达到我应该成为的样式；我之所以叹息，是因为我切望神的国度来临；我之所以叹息，是因为我尝过这世界所给的乐趣，而它们并不能使我得到真正的满足。 为了这许多的事，没有一天我不在叹息。

保罗说的不错；神儿女们所发出的默认语言就是叹息，借着叹息，我们的生命得以扩张并触及神国的尺寸。

寻求更大的事 ── 神的国？ 我的国？

请诚实回答，

你正在为哪些事情叹息？

Q

你是否与神一同奏乐？

第 12 章
爵士乐

和谐：协调配搭，相和共存

神呼召我们过一种

与他相交并每时每刻都与他和好的生活。

　　我永远忘不了那一晚，我和弟弟泰德第一次到托莱多体育场去听爵士乐演奏。那是拉姆齐·刘易斯爵士三人组（Ramsey Lewis Trio）的表演，他们是当时很热门的爵士乐团。我没有想到表演竟是如此精彩。在音乐方面，那晚的经历改变了我！

　　一开始，拉姆齐·刘易斯弹了一段观众熟悉的钢琴曲。我承认当时我有点失望。我从来没有听过这个乐团的演奏，泰德则是极力推荐。我们花了很多钱买票，在他们演奏这曲子第一乐章的时候，我一直在想："这就是名家的表演吗？泰德一直鼓吹的就是这样的表演吗？从收音机任何一个电台都能听到这样的演奏！"突然间，三重奏进入曲子的第二阶段时，令人惊异的事发生了。三位团员以不同的方式演奏这首曲子，虽然还是同样的曲子，但已不是我所熟悉的曲风。 他们的演奏并没有不和谐或者混乱，而是极为巧妙。 不知何故，他们虽然各自表演，但三种风格全然融合，使得这首曲子如此清新悦耳、充满创意又无比和谐。

你看，他们的演奏没有违背或脱离这首乐曲，一直围绕着乐曲的主题，这是曲子演奏成功的关键。 每位团员看起来都热切演奏自己的部分，但并非不顾及他人，而是使用不同的乐器和弹奏方式尽心表现出爵士乐的风格，使得这首曲子变化多端又美妙绝伦，极为悦耳动听。 伟大的爵士乐作品之所以伟大，是因为它充满了不可预测性和创造性，同时又各自遵守一套既定的演奏规则。

爵士乐乃根据一套清晰的曲式，团员们会照着这些准则来演奏。 虽然他们不完全照着每一个音符来弹奏，但他们遵循乐谱的结构（如音阶调号及节拍符号等），共同努力展现出合一且欢乐的音乐。 不错，他们可以在演奏时任意创作，遐思漫游，用自己的乐器展现各人对乐谱的理解和发挥——只要持守这首曲子的基调就好了。

那天晚上我思绪大开，我理解到固定形式与自由发挥是可以并存的。 这是我所经历过最自由、最升华的即兴音乐，而遵照特定的形式正是这种音乐的优美之处。 很可惜那天晚上我不明白，直到数十年之后才意识到，那天在托莱多体育场的爵士乐表演与神伟大的国度极其相似。

音乐的国度

神是最伟大的音乐家。 他的乐章能改变人的生命。 救赎的音符能重新调适你的内心，并使生命复原。 他的诗歌充满饶恕、恩惠、和睦、真理、盼望、主权与慈爱，这些诗歌将带你回到你受造时的本质及恢复你的身份。 神定意不要自己单独演奏这些乐曲。他呼召我们每一个人都成为这救赎乐团的一分子。 他呼唤我们来弹奏并高唱他那充满盼望、信心、赦免及慈爱的乐章。 他叫我们每个人放下自己的乐谱，拿起他的乐章，停止自己作曲而开始顺服于神。 他叫我们与他一同合谐弹奏他的乐谱，当我们如此行时，神的国度就临到我们生命当中。

神不会致力于赞赏我们的个人创作，他不会帮助我们以自我的音乐为乐。 他不因我们满足于音乐上的创新而兴奋。 他知道我们每个人所弹奏的都有致命的缺陷，因那是出自我们的手！ 我们所写的曲子终将陨落消散，永远达不到所期待的高度及神独一的目的。 我们是在神所设定的结构之外演奏，我们所写的音乐只会带出伤害而非医治，分裂而非和睦，定罪而非饶恕，甚至与最伟大的作曲家——和平的君王相抗争。

但神并没有剥夺我们手中的乐器，把我们丢在一个没有音乐的地方。 靠着他的恩典，他不但赦免了我们狂妄自夸的个人主义，甚至还邀请我们与他一同演奏音乐。 借着他的恩典，我们能弹出之前无法弹奏的乐章。 现在的旋律是那么优美，就好像上帝正借我们在表现他的创造力和高超技艺。

我们能成为他救赎乐团的一分子，内心应该极其欢乐，但我们还是会做起当作曲家的白日梦。 虽然面对神救赎音乐的荣耀，我们能与众人一同用不可思议的方式演奏，但我们还是会想拿起神所赐的乐器，去弹那不成调的自我主义及出于自私意愿的曲子。 我们还是会沦落去弹奏任凭己意所写的曲子。 许多时候，我们的耳朵失灵，以为自己所写的曲子比神的乐章更加优美。 许多时候，我们厌倦神救赎的乐章而渴望听到自己的乐章。 我们常常随性吹奏自己的乐器，并以此为满足。

所以，我们经常需要这位伟大的作曲家来让我们安静片刻，使我们有智慧，耳朵可以听见，知道自己的演奏毫无优美与和谐。神会再一次赦免我们，邀请我们再次与神和谐地演奏出救赎的美妙佳音。

爵士乐的国度

前面提到我听拉姆齐·刘易斯爵士三重奏的经历，与神的国度息息相关。 那天晚上的三重奏表现出的**固定形式与自由发挥**和谐并存的道理，与我们将生命扩展到神国尺寸的原则相同。 我们常常在这两个原则的交叉点上，误解了神国的生活方式。

一旦你将生活扩展至神国的尺寸，就无须执着于应该采取何种**形式**来生活，因为神已经为你提供了生活的架构与形式。 这形式

就是神的话语。 圣经为我们在世的生活定下一个范围，只要在这
范畴内就能活出神国的样式。 神知道如果我们要与神奏出和谐的
乐章，我们需要知道他是谁，我们又是谁，及生命究竟是什么。
我们也需要知道如何去行神定意要我们做的事情及目标。 神借着
圣经赐给我们历史缘由、生活原则、他的计划、诫命与应许，这些
都是他所设定你我生活的架构，我们必须活在这架构之中。 只有
当我们顺服神所启示的架构，才能有受造时的样式，并经历受造时
所经历的恩典，去享受神原本要我们享受的。 圣经之歌为我们所
有人提供一个架构，要让我们在友谊、家庭、教会及社区内演奏这
些诗歌。 当我照着去行时，荣耀和谐的神国就出现了。

虽然我们是照着神的形像造的，具有奇妙的恩赐，但神不要我
们以自己的形式写曲。 神呼召我们，是要我们遵照他以慈爱所谱
写的曲式，在他的话语里操练我们的技巧。 正如那天晚上的三重
奏，在神所启示的架构内尽心演奏并不会破坏我们的创意。 与此
相反，我们的创意在神的旨意中能升华到前所未有的境界。

国度的呼召是要我们过一个乐意奉献且有节制的生活，持守每
天的托付，尽力与伟大作曲者一同和谐作乐，因为这呼召就是要我
们在神所启示的架构中生活。 当我们如此行，我们的思想、意
愿、说话、行事就会像他，使我们有能力去帮助人、恢复人，使人
与神和好及带给人盼望。 当我们与神一同演奏时，我们的一言一
行都会产生能力来改变他人的生命，或改变整个群体。 你知道，

只有救赎的乐章才能更新一切并进行恢复的工作，是这个破碎的世界极其需要的。 只有恩典的曲调才能叫一切更新。

当我们弹奏神的乐章时，我们所弹的音符是公义、怜悯、和平、仁爱与盼望。 以这些音符来怀抱所有的人，无论是贫是富、是老是少、是男是女，不受任何地界、种族、语言及历史背景的限制。 这些救赎音符的应用遍及宇宙，它们有能力影响我们演奏时，我们的生命能超越自己狭隘的盼望和梦想。 当我们与神一同和谐奏乐时，我们会融入永恒诗歌之中，成为其中的一分子。 这首诗歌在创立世界以先就已写成，在千万年后还要继续高唱！ 当我们在神所定的形式中演奏，我们的生命就要超出原本生活的界线，成为那更大、更有意义的一分子。 我们这样做是为着更大的荣耀而活，并非只囿陷在自己所弹奏的音符上，如此行才能回归我们的本性。

不和谐的噪音

乔伊不记得从何时起厌恶下班后回家。 他和爱玛之间的关系紧张到让他几乎透不过气来。 开车回家的路上，他开始神经紧张，逐渐握紧方向盘。 他知道无论他说什么或忘了做什么都会引起不愉快，这些事就像引爆炸弹的那根火柴。

他们之间的关系并非一向如此。 过去，他们彼此相爱，享受相处的时光，也在意彼此所说的话。 但新婚的和谐维持不到几个月就结束了。 乔伊和爱玛并没有察觉到他们其实在各自谱曲，并各自演奏。 他们彼此对婚姻有不同的憧憬和期望。 当婚姻与自己梦想的情形相距甚远，他们就各自落入失望及忿怒之中。

如今的问题都是由微不足道的小事累积而成。 这些小事现在完全变了调，使得他们的关系像是嘈杂的噪音，而不是创作和表演都完美动听的二重奏。 他们的相处模式只图自己的利益，也都不愿牺牲调整自己的意见。 他们活在自己制造出的张力之下，他们所痛恨的不和谐，完全是由自己制造出来的。 一旦他们愿意与那位伟大的作曲家一同演奏他的音符时，就可以弹奏出和谐的音乐。乔伊和爱玛可以不这样过日子。 神为他们这种不和谐的关系赐下了恩典。 对乔伊和爱玛来说，他们仍然有盼望，但要经历这恩典，他们必须放弃自己所写的乐曲。

当我们企图创作并演奏自己的乐曲时，就会有不幸的事情发生。 我们用自我专注、取悦自己的音符写出的音乐，所带出的结果是分裂与不和谐。 这些声音会破坏人的灵魂并伤害人心，使希望破裂，衍生暴力与绝望。 这些音乐使家庭破碎，使社区变成倒塌的废墟，也向正义挑战，使政府败坏，更让基督的身体变得软弱无力，如同残废一般。 若各人在家庭、友谊或团体中各弹各调，那里就一定是个破碎、分化、狭隘、充满忿怒、相互指责、令人灰心恐惧的地方。 当我们如此行，神所设立的医治的团体（如家庭、教会、政府）将会功能尽失、自顾不暇，不可能有能力医治他人。 我们在哪里谱写自己的曲子，那里就产生自我王国，这个国度干扰了伟大作曲家所写的平安、甜美的音乐。

但这是爵士乐啊！

神呼召我们与他一同弹奏神国和谐美妙的乐章，他不仅注意乐章的形式，也要我们注意音乐的**自由发挥**。 请思想一下，神话语的启示不是一张乐谱。 神不是只要你弹奏乐谱上的每一个音符，好像你所需要做的就是照着音符来弹。 在你遇到的特定情况或关系上，圣经并没有告诉我们该如何行。 神并没有预先规定你该说的每一句话或该做的每一个决定。 如果是这样，你就可以问： 神对这件事说过什么话？ 圣经所给的乃是一定的音调和节奏。 只要你是遵照神乐章的规范，就可以自由地与神即兴奏乐。

你不可能将圣经中的伟大历史时刻、伟大的叙事主题、启发性的智慧及伟大的原则诫命缩减成一页乐谱；一张纸容纳不下这许多的内容。

譬如说，你认为你能将神赐给父母养育儿女的所有诫命写在笔记本的一张纸上吗？ 不可能，当你两岁的孩子拒绝吃饭时，孩子们争吵时，或你想帮助那处于青春期、只顾自己的孩子看清自己时，圣经上没有告诉你此刻该说什么话。 神所给你的乃是处理这些情况的重要规范。 神，这位伟大的作曲家，邀请你在这些情况下，以他所给的乐曲为架构，与他一同演奏救赎的爵士乐。 当你在这架构中弹奏时，你的创意就产生救赎的能力，叫人长久受益。

我们不只可以在神所设定的规范内自由地即兴演奏，神国爵士乐的方式更是**群体自由的展现**。 演奏爵士乐的音乐家们一同奏出和谐的音乐，不只是因为他们在一个议定的音乐架构之内演奏，更在于他们能彼此团结。 好的爵士乐音乐家不只是一位好的演奏者，还必须是有技巧且乐意聆听的人。 他们的音乐源于团员之间彼此不断互动。 神没有给我们一张乐谱。 他写出一个音乐架构，让我们在其中自由地即兴弹奏，同时专心聆听神与各个团员间的演奏。 例如神此时此刻在弟兄姊妹身上行了何事？ 或借着他们做了何事？ 我该如何照着神的心意和他人的需要演奏出和谐的音乐呢？ 这些都是神国度中群体自由的重点。

有目标的爵士乐

现在你可能要问："这位智慧全能的神为什么不将所有的乐谱赐给我们，好让我们能轻省面对生活上遇到的各样境况？ 他不是知道我们每一秒会遭遇的事吗？ 他这样做不是能让我们容易得多吗？"你不妨思想一下这个问题。 为什么这种完全可预测的意念这么吸引我们？ 难道不是因为我们充满罪孽的心渴慕过着舒适、安逸、成功并能掌控一切的生活吗？ 这些渴慕并没有错，但危险的是这些渴慕与一件事相悖，那就是神造我们所要我们寻求、享受的事。 只有单单倚靠充满创意的神并与神和谐奏乐，我们才能成为真实完全的人。

你当知道，神是如此巧妙地设计他的话语及国度，这两者驱使我们时刻需要倚靠神。 他对我们的要求远超过坚定持守一套准则。 他所要的是我们这些人！ 他要成为我们心中的至宝，灵魂的喜乐。 他要我们知道，我们与他之间的连合有如三位一体的连合。 他渴望与我们建立关系！ 因此，他赐给我们一切的需要。我们知道所要弹奏的曲调，他显明我们该弹奏的节拍，但当我们用我们的一生与神一同奏乐时，他没有告诉我们一定要怎么做、怎么说。 他之所以这么做，为的是要我们能在生命中即兴作乐时，能寻求他并完全倚靠他。

他要我们自由创作。 他要我们每一刻在信心及恩典上都有新鲜的经历。 他要我们将一切恩赐发挥到极致；他要我们超越收缩胶膜的界限；他要我们连结于圣洁、无限与永恒。 他要我们活出照他形像所造之人的真实意义。 同时，因着我们与他有亲密、回应、倚靠并喜乐的相交，自然结出这些和谐的果子。 这就是为什么他没有给我们一张张乐谱后就打发我们走。 他已经呼召我们进入救赎爵士乐的即兴生活方式，让我们在这种生活方式中充分展现出富于变化的自由。 当我们专心注意他是如何作曲，及此刻所演奏的曲调时，我们才能活出这种爵士乐的生活方式。

不论你在任何时刻，或在家中、或在友谊中、或在教会中、或在工作上，每一次当你与你的救赎主一同演奏具有创意且和谐互动的爵士乐，保持在神所设定的规范中时，你所接触到的事物都会被扩展到神国的尺寸。

你试图在生活中哪些地方

创作你自己的音乐，

而不愿与那位王和谐奏乐？

你愿意求神赦免你的罪吗？

第**13**章

赦免

认罪：有罪的人愿意承认自己的过犯

伟大国度的生活乃是以谦卑的心

寻求赦免，且有愿意赦免别人的恩慈。

山姆知道自己错了。 他知道自己的言行举止不只不合适而已，那是罪。 山姆上班时多次早退，还请别人帮他打卡。 他认为别人一定会理解，因他家里刚添了一对双胞胎。 他也知道自己不是唯一做这种事的人，但只有他一个人被抓到，不论他心里怎么想为自己开脱，也无法多说什么。

山姆必须忍气吞声地承认错误，虽然这是迟早发生的事，但对他来说真的很困难。 他想指出其他同事也犯有同样错误，他想告诉别人他生活上的种种难处，也很想有机会让人相信平时他是个善良的人。 但这些理由都像拿一粒花生喂一头饥饿的大象般无济于事，他这时必须承认自己的错误并且请求原谅。 在走进上司办公室之前他还在想借口，想出卖其他的同事，但他知道自己不能这么做。

　　要我们认错为什么这么难？ 请求别人原谅为什么这么难？ 因为我们都自认为很好，但其实不然。 通常我们很容易看到别人的罪，却看不到自己的罪。 但还有更深层的原因。 我深切体会到，在饶恕这件事上的挣扎，其实是一种国度的挣扎。

我的意愿，我的方法

　　你有没有想过，为什么抗议这件事对人有这么大的吸引力？ 当我为某件事加入抗议游行时，我就能说这个问题和我无关，出在别人身上。 正因我不是问题的所在，所以可以指出你的错误来，公开揭发你那些影响到我和其他人的错误。 抗议之所以如此让人兴奋、如此令人着迷，在于它让人觉得是伸张正义。 我终于可以有机会说：“我是无辜的，我对你的错误异常愤怒！”你如果邀请人来参加两种集会，一种是抗议的集会，另一种是聚集承认自己的错误，你想哪一个聚会能吸引较多的人？

　　请求原谅之所以这么困难有两个原因： 一是关系到生命，二是关系到我这个人。 除非你认定生命中有比自我王国的发展更重要的事存在，否则你不会寻求原谅；除非你知道你是为那伟大的荣耀而受造，否则你不会寻求赦免；除非你认定在生命中有比你自己快乐更重要的事，否则你不会谦卑地认罪。 除非你明白生命中有比你的感受及只顾自己的感受更伟大的事，否则你不会承认自己有错。 你知道，我们对自我国度坚定不移的忠诚，让我们不愿意承认我们在世上阻碍了神国的进展。

你为什么会对某人大声吼叫？ 你为什么总是怀恨在心？ 为什么要你去服侍别人有这么难？ 要你忍耐宽容为什么做不到？ 为什么庆贺别人的成功对你是件难事？ 为什么你要去说长道短？ 为什么你会受诱惑偷取不属于你的东西？ 为什么你会对食物或性关系毫无节制？ 为什么你会对别人拥有的权势、财富与地位产生嫉妒之心？

曾几何时，为人父母的你将所生的孩子视为奇迹，为什么现在面对孩子却挣扎于对孩子的怒气？ 曾几何时，为人妻的你认为丈夫是让你心花怒放的人，为什么现在你看见他吃东西的样子都受不了？ 曾几何时，作丈夫的你乐意为妻子付出一生，为什么现在和她讲不到半句话就不耐烦了呢？

为什么你沉溺于自怜当中？ 你为何让苦毒紧紧地抓住自己？ 什么事让你想要放弃或惧怕明天？ 为什么你总是对人冷嘲热讽，转身离去不顾他人的感受呢？ 我们之所以这样，是因为我们凡事一定要照自己的方式而行。

对自我王国的忠诚早就深埋在我们的罪性中，这种忠诚使我成为自我中心、自以为义、喜欢定罪，并且变成极不耐烦的人。 我知道自己要的是什么，也知道什么事会带给我快乐。 我对自己将来的生活样式早有一个愿景，但你却总在拦阻我的计划及阻挡我实现小国度的目标。 这种我的国度、我的快乐以及"我想要的谁也别阻挡"这样的想法是每个罪人都有的挣扎，而这样的挣扎充满了我们日常生活的一些不起眼的瞬间。 这就是为什么当你不能进你想进的浴室，被别人占了车位，或没有得到你当得的肯定时，你会发疯。

请求赦免这么困难真正的原因是： 你很难接受自己原来经常需要被原谅。 这是一个事实： 你虽然满有恩典、有许多圣经知识、侍奉经历及神学领悟，但你还是一再沦落于追逐自我王国的兴趣。 当你寻求赦免时，就是在承认你忘记了为什么神把你放在世上，忘记了他所赐的奇异恩典。 你也是在承认自己忘记所有神的恩赐应当被用于神国之中。

赦罪的国度

当你看见了另一个国度，你会愿意寻求赦免。 你确实认识你的受造不是为了自己。 当你为自己而活时，你会忘记神及他的国度而徘徊于他旨意范围以外的地方。 不仅如此，每当你寻求神或他人的赦免时，你就承认自己是伟大国度要解决的那个严重的问题。 神伟大国度的一个珍宝就是赦罪。 这是为什么主吩咐他的门徒在宣讲福音时要传赦罪的道。 神建立他的国度，好让罪所带来的破坏得以完全恢复。 在神国的正中央，你看到的不是一个宏伟的宫殿，里面住着一位遥不可及的王。 不，在神国的正中央是那血迹斑斑的十字架，一位伤痕累累的王被挂在上面，他欢迎我们，即使我们有罪。 这位君王不向我们要求公义，因为若是如此，没有一个人配住在他的国中。 他为我们成就了义，虽然他身为君王，却甘愿担负我们的罪而受死，好让我们得着赦免之恩。 这位王向我们所要的是承认自己的罪，一旦我们认了罪，我们就从自己的捆绑中得释放，得以自由地为他而活。

凡被神接到他伟大国度的人，都要过一个饶恕的生活方式。这种生活方式就是每天要承认自己很容易阻碍神在世上的工作。我个人要认罪，在婚姻关系、亲子关系、友谊、工作上都要认罪悔改；在基督里我要认罪悔改，在邻里间我要认罪悔改。 照着这样的生活方式去行，我会发现向人传扬耶稣是件喜乐的事，日复一日，见证出十字架的必要性。 这种赦罪悔改的生活方式使我每天都发出全心的感恩及无比的喜乐。 虽然我曾向他的王权挑战，认为我自己可以作更好的王，但他并没有拒绝我。 不，他反而伸出他赦罪的膀臂来拥抱我，并邀请我进入那无限美好的境界，远超过我为自己所作的任何选择。

走在正道当中

当你寻求赦免时，你就走在正道当中。 你能对自己有一个正确的看法，在生活中见证基督恩典是何等的伟大。 基督的恩典具有大能，能开启你盲目的心眼。 这恩典的能力能打开你握紧自己意愿的双拳，使你把握住更美国度的原则；这恩典具有的能力帮助你乐意承认你过去拒绝看到的事！ 当你寻求赦免时，你就走在正道当中，因为你放下自己的意愿，而欢迎神的旨意。 你放弃了自以为义，而享有他的公义，并且脱离了自我的王国，向他的国度直奔。

赦免是场争战

很难寻求饶恕的原因是寻求饶恕本身是场争战。 这是一场介于自以为义与不劳而获的恩典之间的争战；这是一场介于自我王国的律法与伟大君王的命令之间的争战；这是一场介于我的欲望得到满足与神呼召我去白白爱人、服侍人之间的争战；这是一场介于为自己短暂荣耀而活与彰显神荣耀之间的争战。 每天在我内心的战场上都有这样的争战。 但我并非独自作战，那位接我进入更美国度的君王是位勇士，他不断为我奋战，直到最后的仇敌被践踏在他脚下。

这意味着即使有时我忽略了伟大的国度，退缩到我自己的小国度里，我仍有指望。 有时我为了争取十五秒钟的自我荣耀而不将荣耀归给神；有时我为了得胜而与人争执，影响了和睦关系；有时我心存报复，不愿意立刻原谅别人；有时我只是专注在别人的罪上，而看不见自己的罪。 这些时候我仍能有指望，是因为我不是独自为自己争战，而是伟大的君王在为我争战，每当我寻求他的赦罪之恩时，他就为我赢得一场争战。

你看，这正是争战中的争战。这争战正潜伏于我们所经历的各样争战之中。这是一场神绝不会妥协的内心争战。他的国度即将到来，他的旨意即将行在地上，他绝不会无所事事地坐在那里，容忍他国度里的儿女竭力去建立他们个人的国度。所以，他要为我们灵魂得以自由而奋战，为了能掌握我们的心而作战。他竭尽心力要使我们从私欲中得到释放，并使我们的思想能够集中。每当神这么做时，他叫我们以谦卑的心来承认：我们确实是爱自己过于爱神与爱人。他要我们承认自己经常是照自己的方法行事。他也要我们承认自己是易怒、贪心、嫉妒及有报复心的人。如果他的国度完全降临，那一定是一个赦罪的国度，在那里，悖逆的人可以一次次被赦免而行在正道当中。

赦罪和伟大的国度

每次你寻求赦免，你就走在正道当中。

每次你寻求赦免，你就脱离小国度而进入神的国度。

每次你寻求赦免，就表示圣经对你和周围的人所作的描述是正确的。

每次你寻求赦免，就是在宣告你的生命不属于自己，而是为神的旨意受造。

每次你寻求赦免，就表示说自私是你最大的罪，只有恩典才是你唯一的盼望。

　　每次你寻求赦免，就是在提醒你你是谁，什么才是你真正需要的。

　　每次你寻求赦免，就是在拒绝安舒于你自己的悖逆中。

　　每次你寻求赦免，就是认定你生命中最大的问题是在你里面，而不是在你以外。

　　每次你寻求赦免，就是祈求神的国度降临，他的旨意行在地上如同行在天上。

　　每次你寻求赦免，就是将神的国度彰显给别人看。

　　每次你寻求赦免，就是在敬拜那位赦罪的君王并且鼓励他人也要如此行。

　　每次你寻求赦免，你的眼界清楚，你的头脑清晰，你的心也找到了归属。

　　每次你寻求赦免，就是向永生神欢呼说，赦罪之恩终于成就了。

　　每次你寻求赦免，就是告诉自己，即使你已经历许多神国的美善，仍需要更多经历。

　　寻求饶恕的生活方式能将你所接触到的人事物扩展到神国的尺寸。

在这寻求赦免的自由生活方式中，

你找到喜乐了吗？

Q

你是一个爱情至上主义者吗？

第 14 章
孤独

爱情：热切地投入感情，对某人着迷或着迷的情形

神国的生活就像

你盼望生命中所爱之人归来一样。

　　我到韩国和印度的行程将近一个月。 能受邀且有机会宣教，对我来说极其兴奋，能做这些事使我备感荣幸。 在机场我和爱妻卢埃拉作了甜蜜的道别。 她眼中带着泪水，因为这次旅程时间较长，而且不易联络。 为了这趟旅程，我好像已经准备了好几年。当我走在机场大厅时，我不断回头看卢埃拉。 我记得走到一半时，再回头，她已消失在人群中了。

　　飞行时间很长，我迫不及待地想在飞机着陆后，找张舒适的床躺下。 头一晚，我翻箱找东西时，发现卢埃拉藏在箱内的一块巧克力，旁边还有她写的一张便条。 这样的举动让我备感温馨。 虽然卢埃拉还留在费城，我却感觉她与我一起同行，常常记起她的点点滴滴，一颦一笑。

　　当分别的日子越来越长时，我发现自己越来越思念她。 有时候我不但希望她就在身边与我一同分享我的经历，甚至还会转身想要跟她说话，但立刻被拉回现实，爱妻不在我身边。 行程过了一半时，我开始数着回家的日子。 有时做梦，都看见自己下了飞机，再一次见到卢埃拉。 我幻想着再见到她的那一刻，我再一次牵着她的手，亲吻她。 我想象自己与她面对面坐在桌前，细述旅程中所发生的事。 在我心中可以看到她甜美的笑容，听见她悦耳的声音。

　　我开始不自觉地在交谈中向同行的人提到卢埃拉，赞美起她的种种好处。 终于有人问我说：“你是不是非常想念你老婆？”

　　到了行程最后几天，我很难将自己的注意力集中。 出于礼貌，我做了该做的事，但我的心完全不在工作上。 我渴望能马上搭飞机回家。 距离回家的日子越近，我越感到孤独，只想立刻回家与卢埃拉在一起。

最重要的爱情

　　在神国里我们的生活靠什么来驱动？ 各项活动的动力是什么？ 履行职责的驱动力从何而来？ 哪一项不可或缺的元素可以明确区分神国的生活与自我小王国的生活？ 我可以用两个字来回答： 爱情。 你也许会问：“保罗，你究竟在说些什么？ 将我的生命拓展到神国的尺寸跟爱情有什么关系？ 你如果说跟神学或神的事工有关，我还能理解，但你说是爱情？ 我就不懂了。"

当我越了解教会的工作、与神同行的生命及圣经中对基督徒的描述后，我越来越确信在这一切的背后应该有一个最重要的核心、一种最基本的寻求，以及一种坚定不移的心志。 如果不是这样的话，神国里一切事都将不是它本该有的样子。 这件事不是坚守始终如一的神学观；不是努力建造一个包罗万象的基督徒世界观与人生观，用此来审视生命中所发生的一切事；不是指忠心参与基督里彼此的交流；不是因坚守某项神国服侍的委身而塑造出的一种生活方式；不是指个人每日灵修、读经与敬拜的热衷。 我所说的这件最重要的事不是一种追求、习惯或责任，而是一种内心情感的归属。

神呼召我们去行各样的善事，这最重要的内在情感赐给我们动力及方向，那就是我们生命中圣洁的爱情。 我们受造且蒙救赎，正是为了这圣洁的爱情： 就是基督向着我们普世伟大的爱，以及我们向他所回应的爱。 王自己是国度的中心，因此在国度生活中最重要的是对王所发出那深刻、本能及可以塑造生命的感情。 这个位居一切中心的爱点燃我们对属神事物的追求，让我们脱离自我国度狭窄的局限，并让我们开始享受神国广大穹苍之下的生活。 神的本意是要我们单纯地爱慕基督，他应当赢得我们一切的心思意念，他应当是激励我们，把喜乐带给我们的那一位。 我们在生活上应该讨他的喜悦，当你的心完全被这最重要的爱情所占据时，就能真正将你生命的尺寸拓展到神国的尺寸。 以神伟大国度为中心的生活不是寻求某一件事，而是寻求某个人。 我心灵的眼目要注视在基督身上，我的灵魂充满感恩，并洋溢着对主的爱慕。 我与主同行，惊叹他不但爱我，还接受我残缺的爱。 我的生活充满盼望，因有一天我们将与主连合，永远与他同在。

同时，伟大国度的生活并不只是要为他的供应、与我们相交、他的教训及所赐一切美善的事心存感恩。 伟大国度的生活最重要的事是为**他的**同在、赦罪、忍耐、怜悯、温柔、智慧、同情、陪伴、宽容和**他的**爱心存感恩。 伟大国度的生活是一种感到蒙福的生活，不只是为了有形的物质、有利的环境或神放在我旁边的许多人，感觉蒙福是因为他本身，我不能相信这位万王之王、创造主、救赎主及整个宇宙的掌权者居然爱我，渴望成为我的朋友。我既感恩又惊喜，他竟不遗余力地与我建立爱的关系。 这最重要的爱情赐给我动力与方向来行各样美善的事，这些事决定了神的国度和神的荣耀真正的意义。 你的心若没有降服于这样的爱，无论你有多少对基督的追求都是外在的，你其实都在为自我的小国度而活。

没有时间去爱

我们很容易分心，很容易反复无常，总是忙忙碌碌。 我们的生活节奏被安排得让人发狂，我们可以找到许多事情来填满我们的日子及生活。 有没有可能我们故意让自己没有空闲，忙个不停，为许多事分心，计划着未来的日子，结果只剩一点点的时间或根本没有时间去专注在这更重要的爱情上？ 有没有可能在我们进入这个原本我们自己不会去追求的关系之后，会因为承诺太多以至于无法去追寻去享受？

建立关系需要付上代价，需要花时间，需要有恒心；建立关系要求我们牺牲。 信仰生活的核心不是要我们向一个意识形态委身；而是接受本不配得的邀请，进入与神的关系。 是基督使我们成为他"眼中的瞳人"，并呼召我们要爱他胜过生活上的一切人事物。 你能否想象一个男人向一个女子表明他的爱意，他会说她比他生命中一切事都重要，但是他却不愿花时间来增进彼此之间的交往及爱慕？ 我们可能宣称自己是基督徒，说我们爱主超过世上的一切，却没有为基督留时间！

在我们所行的事上，我们是如此容易得到满足，然而我们没时间、也没精力在主耶稣里寻找满足。 我们面临的问题是我们所追寻的让我们满足的事物很少本身是有害的。 我们给自己找出许多合宜的解释来参与这样的事，让我们分心的事就理所当然地霸占了我们的时间，妨碍了我们去追寻那最重要的爱情，这爱情本该成为我们一切生活意义、个人身份、目的及唯一盼望的源头。

而我们的时间表却被以下的事务填满了：

健身运动

上夜校

音乐课

看电影

购物

假期

第二份工作

室内装潢

打高尔夫球

棒球练习

音乐会

上餐厅

整修房子

政治活动

看电视

做头发

听随身听

参观博物馆

看医生

财务处理

看录像

去游乐场玩

遛狗

开会

看书

烹饪课

以及其他事务……

是否有可能礼拜天在教会，我们高唱对基督的爱，但到了礼拜一就没有时间经营这最重要的爱情？ 是否因我们安排了太多的事务？ 是否因我们自认为是时间的控制者而没有对忙碌的时间表感到无助？ 我们的时间安排是否真能反映出那些我们认为重要并带给我们喜乐的事？

位居神国中心的是与基督之间爱的关系，向着耶稣坚定的爱慕将带领你并塑造你的一切，你的思维、爱好、决定、话语及行为。耶稣**就是**神的国度！ 他的国度是一个爱的国度！ 他欢迎你进入他的国度，他想邀请你与他建立永恒与相爱的关系。

你是否认为这很不可思议又很不实际呢？ 你是否认为它太飘渺，跟你每天的生活毫无关系呢？ 让我来提醒你，对于所有强烈的情感和充满魔力的浪漫而言，一个健康的相爱关系应该是平凡又实际的。 你必须实际付出时间、金钱、感情及精力。 你必须仔细聆听、清楚沟通，你必须要有坚忍、饶恕、宽容及谦卑的态度。 你必须认出何时何处需要你的付出。 你要花时间打电话、写信、发电子邮件或短信，并且为了做这些事而放弃一些其他的事。 关系的健全与否不在于某几个重要的感人时刻，而在于你在无数小事上所表现的爱意。 同样，我们与基督的关系也是如此，这伟大的爱情从千万的选择与行动中表现出来，当我们看重对基督的爱时，这爱会从我们生命中流露出来。

反复无常的心

我们如果仔细察验自己的生活，可以很清楚地看到我们的问题不在于时间表上排的是什么事，也不在于神给我们多少要做的事。问题在于我们的心反复无常，让我们远离了这最重要的爱情，轻易地把情感给了其他事物，圣经称之为**爱世界的心**。 圣经上也告诉我们： 我们若爱世界，爱父的心就不在我们里面了（参考《约翰一书》二章 15～17 节）。 雅各说我们彼此生气是因我们灵里的淫乱，认为都是旁边的这个人妨碍了我，让我得不到所爱的东西（参考《雅各书》四章 1～4 节）。 这个世界如此吸引我们的眼目，如此诱惑我们的心，受造之物变得比造物主更加宝贵。 世上一切的景观、声音、触感、趣味比起那位看不见、听不到的神所定的旨意、应许、存在及供应，对于我们来说更加生动。 这是一场你永远胜不过的争战。 你必须每天面对这场战争。 你必须提醒自己在这个世界上，你被其他所爱的包围，它们想吸引你脱离你生命核心中最重要的爱情。 你要为这样的诱惑作好准备，要以刚强的心来抵挡这属灵淫乱的引诱，并且你必须一而再、再而三地去抵挡诱惑，否则你的心就会被偷走。

孤单

　　如果对基督的爱确实是你生命中最重要的爱慕，如果基督拥有你的心，并占有你一切的思想，如果认识基督并讨他的喜悦是你一生所追寻的目标，那么你将过一个孤单的生活。 是的，你可以为神赐给你许多向着神有同样爱慕之心的那些人感恩，你可以为他人向你时刻表达的理解、忍耐、温柔及爱情的这些福分感恩，你可以因在基督的身体里找到各样的人际关系而喜乐。 但是你的心多么渴望与基督永远在一起的那一天。 活在神伟大的国度中就好像你在等候所爱的人回家，在地上当你与所爱的人分离时，你的孤独感会以各种方式浮现出来：

- 你因思念对方以致注意力不能集中。
- 你在与他人谈话时会不断提到对方。
- 无论何时，你会向人夸耀对方的品德及成就。
- 你发觉自己不是怀念对方，就是迫不及待想看到对方。
- 你会反复演练下次看到对方时要说的话，直到你能用最佳字眼来描述自己的爱慕、激动与喜悦的情怀。
- 你后悔自己有时表现出自私、粗心、伤人的态度，恨不得能把那些时刻抹掉。
- 你下定决心以后要更爱对方。
- 虽然对方不在身边，你的心还是充满安慰，因对方向你承诺永不动摇的爱意并一定会回来。

- 对方写给你的信，你反复阅读，分析每个字后面的意思，并熟记每一个给你盼望的段落。

- 你喜欢和对方的朋友在一起，因为从他们身上能找到对方的影子。

- 有人攻击对方时，你会认为是在攻击你，所以你会尽力澄清对方在德行及行为上被人误解的地方。

你为什么会做这些事呢？ 因你是为所爱的人而感到孤单，并且在你等候他时，你会拒绝以其他人事物取代他的地位，来减轻自己心里的痛楚。 基督徒的生活也是如此，内心深处会感受到属灵的孤单。 我们所关注的事情将会塑造我们的基督徒生活，我们应当定睛于永恒及将要再来的美妙连合。 这是为什么圣经屡次提到基督徒的生活是一种等候的生活（参考《罗马书》八章 23～25 节；《加拉太书》五章 5 节；《帖撒罗尼迦前书》一章 9～10 节；《希伯来书》九章 28 节）。 我们的问题不是说我们不能得到满足，而是太容易得到满足。 我们缺乏孤独感，因为现在有其他所爱的窃取了我们的爱，而我们却以此为满足。

伟大国度的生活应该是像你在等候生命中最挚爱的人回家的感觉。 你一边等待、一边积极尽责地加深你对他的爱，并为那将要来的连合装备自己。 当你行这一切事的时候，你心中会有痛楚，因你极其想要与你所爱慕的那位在一起。

在你生命中，

是否有其他"所爱的"

要来争夺你对基督的爱？

Q

你真正宝贵的是什么？

第 **15** 章

牺牲

珍宝：一种有价值的或珍贵的财产

耶稣呼召我们将一切都献给他，

好使我们从这捆绑我们的人事物中得释放。

你是否知道，你我每天都在为某件事牺牲？ 虽然这难以承认，但卢埃拉和我会为电视上一个体验现实生活的节目"与众星起舞"而着迷，节目邀请娱乐界稍有名气的人与职业舞星搭配参加交际舞比赛，这些名人可能有一点或根本没有任何舞蹈经验。 他们的责任就是学习、熟练并演出一幕崭新复杂的舞蹈。 一开始，我们会看到参赛者都被那一连串的各式舞步吓倒。 能学好正确的华尔兹已经够难了，他们还得学好探戈舞、快步狐舞、斗牛舞、狐步舞、桑巴舞、牛仔舞、伦巴舞和恰恰舞，这就更难想象了。

舞跳得好会让人觉得流畅、优雅，其实这很消耗体力和精神，有时会使脚部受伤或肌腱扭伤。 你不仅要记住一连串复杂的舞步，还要记住某些特殊动作。 比如头部、颈部、肩膀、手臂、双手、臀部及脚趾该如何摆动，才能使舞姿看起来优雅，否则就会僵硬可笑。

他们从零开始学习，并要在短期内成为训练有素的参赛者，对舞者在训练方面的要求是惊人的。 这些参赛者从清晨到夜晚都要待在舞蹈学校。 你必须全时间配合，所以别想有任何其他社交生活。 这样的学习要求你将体能推到极致。 你要强迫头脑重新思考、明白并记住一切，直到下星期一切又从头开始，不能在乎评审对你上一次冷嘲热讽的评语。 不管内心多么受挫，还是必须对着摄影机展露笑容。

我们俩一周又一周地观看这个节目，实在为这些人的付出而惊讶。 这是一项全身、全心、全天候的比赛。 你不能因为疲倦、不高兴、困惑、疼痛、难为情或失去兴趣等种种原因而退出比赛。 当你经过一段艰难的过程，学会一支特殊的舞步之后，你根本没有时间去庆祝，因为马上又要开始学习另一种新舞步，一切都得从头再来。

为什么这些名人愿意付上精神及体力，做出如此大的牺牲呢？ 当我思想这个问题时，我得到一个惊人的答案。 他们这样做不过是贪图短暂的利益罢了： 在电视屏幕前亮相、得到夸赞和一笔奖金！

人是很有趣的。 当人们下定决心得到一样东西时，会不惜牺牲一切。 你知道每天你所作的自我牺牲有多少吗？ 一个人会为工作付上惊人的牺牲。 清早上班，工作到很晚才回家，周末还要加班，不是因为上司勉强他们，而是因为可以得到升迁或加薪。 一个人想要得到别人的接纳、尊重、赏识或爱慕，会愿意做任何事。我们注意某人的一颦一笑，为他们腾空自己的时间表、金钱及精力来讨好他们。 一个人为了把自己的家变成梦想家园而付出的也是一样。 我们会去借一大笔钱、花上惊人的时间不断和承包商、木匠、设计师商量，一个人可以忍受灰尘和嘈杂，自己露营似的住在还未翻新的房子的一个小角落，并不断增加整修的费用。 这么做为的是什么呢？ 不就是为了可以住在一幢令人憧憬的房子里吗？

　　我可以举出更多的例子。 看到人为想拥有的事物所做的各样牺牲：减肥，舒适的退休生活，度假，留住青春，去著名酒店住一晚，取得学位，有一个健美的身形，成为专业厨师，拥有整齐的牙齿，买到限量鞋款，拥有一幅画，获得一个 ipod，以及可以满足人某些身体欲望的东西：漂亮的家具，掌握一门学科，学习一种语言，拥有特定的车，在某项运动中表现突出，拜访一个好久不见的亲戚或朋友，钓鱼，打猎，做出政治选择，参加音乐会，抗议社会不公正，或者仅仅只是什么也不做地休息。 那么，你现在正为哪件事而牺牲呢？

　　你不能将人分成"那些做出牺牲的人"和"那些不做任何牺牲的人"。 我们内心都有愿意付上代价去牺牲的事，问题在于，我们究竟愿意为哪些事、哪些人作出牺牲。

牺牲的国度

神国的喜乐，神所赐下的生命与恩典，是一个需要牺牲的国度。 神国历史中最重要的就是那不可思议的伟大牺牲。 主牺牲的那一刻让在场跟随他的门徒惊惶失措，也让历代神学家深受感动。 这样的牺牲是国度中最可怕、也最美丽的事件，这样的牺牲是最合理、也最不合理的事。 耶稣的牺牲成为神的国度运作的模式。

耶稣，因他在十字架上的宝血，不仅给神国带来生命与盼望，也成为基督徒生活的典范。 主在十字架上所作的牺牲，成为基督给跟随他的人改变生命的呼召。 神的国度是一个十字架的国度，凡因主的牺牲而欢喜快乐的人，都是主所呼召天天背起十字架来跟从他的人。

一坛金子

我们都听过"彩虹的尽头是一坛金子"的典故，其实在生活中，我们都在找寻自己看重的一坛金子。 这里有一个不变的法则： **在所有的个人牺牲背后，都为了得到某种珍宝。** 这个法则不但解释了基督在世的生活及受死，同时也是他对我们的呼召。

你们哪一个要盖一座楼，不先坐下算计花费，能盖成不能呢？恐怕安了地基，不能成功，看见的人都笑话他，说："这个人开了工，却不能完工。"或是一个王出去和别的王打仗，岂不先坐下酌量，能用一万兵去敌那领两万兵的来攻打他的吗？若是不能，就趁敌人还远的时候，派使者去求和息的条款。这样，你们无论什么人，若不撇下一切所有的，就不能作我的门徒。

（《路加福音》十四章 28～33 节）

你读了这段经文之后必然要问，为什么基督要门徒"撇下一切"，而不是部分？他没有说："你要把最好的给我。"他也没有警告我们说，有一天我们所看为宝贵的东西都会被拿去。不，他的呼召一开始就是："你们若不撇下一切所有的，就不能作我的门徒。"为什么他要给我们这放弃一切的呼召？

耶稣看到这一大群人时，他不仅看出这些人是被他所行的神迹及他教训人时所彰显的权柄所吸引而来跟随他，他还看出这些人都是处在强烈的个人争战之中。他明白围绕他的个个都是朝拜者，意思是说，人所追寻的珍宝塑造了人的生命，而这些珍宝逐渐掌握了他们的心。他知道他们视为珍宝的将会影响他们一切的决定、行为及话语。他也知道这些人为了保护、享受这些自以为宝贵的东西会付上不可思议的代价。因此当他要求门徒撇下一切时，他并非要他们去过一无所有的生活，乃是呼召他们将除他以外的一切珍宝抛弃掉。 他所说的是："你们若是我的门徒，我必须是那珍宝，我要塑造并指引一切你们所决定、所说及所行的事。"

基督要我们在生活中寻求那坛金子，他要我们找出那些会威胁到他在我们心中地位的东西，这位置只能属于主。 你知道，耶稣要求我们撇下一切的事，不只是要我们顺服于他的权柄，还要将我们从本来不该控制我们的事物中释放出来。 这个严肃的呼召同时也是一个恩典的呼召。 耶稣知道我们很容易就将生命的尺寸缩小成我们生活的尺寸；他知道我们往往会以肉体来取代圣灵；他知道我们迟早会将受造物放置于造物主所该有的地位；他知道真正信仰的精义不在于神学知识或教会事工，而在于我们心中的珍宝是什么。 一个真正跟随耶稣的人会将主放在心里最为宝贵的地位，并且在寻求神的过程中愿意作出巨大的牺牲。

握紧拳头的生活

在你现今的生活中，什么时候你会握紧拳头？ 你了解这种情景： 当有人要来夺取某人的东西时，他的反应就是全力将这东西抓紧。 你现在手上紧紧抓住的是什么呢？ 也许是你的工作。 或许你还不自知，你的工作已成为你的身份、意义及目标所在。 也许你抓着的是某种人际关系，这个关系已经决定了你是否快乐、幸福。 也许你抓着的是成就、财产、地位。 不妨察验一下你的生活，有哪一件事正与基督在你心中的地位相争？

基督要门徒撇下一切的呼召里最让人震惊的是，他呼召我们要死掉。当然不是指我们身体上的死亡，而是从根本上牺牲我们看为宝贵的一切，就好像我们向这些事物死了一般。这些东西不能再成为我们心中最重要的珍宝。从这点来看，他是呼召我们丢弃最宝贵的人际关系，丢弃我们的生活计划，丢弃我们认为能带给我们快乐且满足的事情，他要我们向这一切的事死。他呼召我们将握紧的拳头松开，放下一切控制我们的决定、支配我们的行为、影响我们的话语的珍宝。耶稣知道我们不能一面跟随他一面又手里抓紧这些珍宝，因为最终我们会被这些东西所掌控。

我们承认我们先是渴望得到那些事物，接下来深信这些是我们不可或缺的，最后对这些事物上瘾。但我们其实什么也抓不住，我们一次次经历那曾经被我们握在手里的，最终反倒控制了我们。所以他来呼召我们把一切交给他。我们该欢庆他呼召我们牺牲，因为只有这样我们才能得自由。死的呼召其实是欢迎我们进入一种美妙的新生活。发出这呼召的那一位先舍了他自己成为祭品，这是伟大神国里最重要的事件。他甘心乐意舍下一切以至于死，好叫我们活着不断寻求他，一步步从那些捆绑与控制我们的事物中释放出来。

你不妨想一想，那些没有价值的珍宝控制了我们的心之后所带出的结果——仇恨、焦虑、不安、缺乏耐心、嫉妒、恐惧、灰心、迷恋、报仇、苦毒及凶残。 想一想，当一个人只为工作而活时，他的生命将是何等的扭曲。 想一想，当我生命中最有价值的不过是另一个人时，会带出多少的恶果？ 想一想，当我为了追求某种地位或资产，最后反而让这些东西控制了我的生命会有怎样的结果？为什么我会对你这么生气？ 为什么我会因你失去耐心而苦恼？ 为什么我被苦毒及嫉妒所吞噬？ 为什么我处心积虑要去报复人？ 为什么我不能对你有仁慈的举动及话语？ 我这么做不是因为和你这个人有过失，而是因为你阻碍了我得到珍宝。 只要我手里紧紧握住这样东西，你我之间就会起冲突。 可是一旦基督拥有我的心，我就能从那些渴望寻得的东西中得到释放，其实这些东西原本就是抓不紧、握不住的，最后会消失得无影无踪。 因为伟大的国度是一个牺牲的国度，同时也是一个自由的国度。

为了使国度成为荣耀新生命的所在，这里一定也是个甘愿受死之地。 基督呼召我们向一切心中所宝贝之物死，好让他能位居我们心中最重要的地位。 当你看重基督超过其他事物时，你就不会再将你的生命减缩到你能握在手中的大小，可以凭自己的计划来控制的尺寸。 你可以开始为远超于你的那一位而活。 当你松开双手将一切交托给他时，你所触及的事物都要扩展至神国的尺寸。

你是在为谁的国度而牺牲？

Q

你会为哪些事情发怒？

第 **16** 章

忿怒

戏剧：真实生活中会发生故事或剧本中那种单一或连续的事件

伟大国度的生活

是由良善与忿怒交织而成。

《木兰花》（Magnolia）这部电影让我记忆犹新。 虽然我会犹豫要不要把它介绍给一般基督教书籍的读者，但是这部电影的剧情非常吸引人，电影中有趣的角色、曲折离奇的情节及峰回路转的故事主线以出人意料的手法表现得淋漓尽致。 其中所展现出的罪与破碎的生命，让人看得很痛苦，但这是一部很迷人的电影。 它的结局令人难以置信！ 我感到失望、惊讶和困惑，我想，是我没看懂整个故事。 我迫不及待地想要再看一遍，后来又看了好几遍《木兰花》，我不再吃惊了，因为我已理解整部电影的情节了。

圣经中关于神伟大国度的建造，同样是令人惊讶的故事，所以我们要不断阅读圣经。 它是历世以来最戏剧化的记述，不是只读一遍就能了解的。 因此，当我们思想神伟大国度的生活方式究竟像什么样子时，我要再一次邀请你与我一同思考，请你用不同于以往的思考方式来看。 我要借着一段大家都熟悉却常被人误解的经文来思考。 经文是《雅各书》一章19至20节："我亲爱的弟兄们，这是你们所知道的。但你们各人要快快地听，慢慢地说，慢慢地动怒，因为人的怒气并不成就神的义。"

忿怒的历史

要确实明白这段经文，你必须先明白圣经的记述方式。 基本上，圣经是一本记叙文，讲述一个从神而来并附加注释的叙事文章。《雅各书》一章19至20节记载的不是一个机械式的生命格言或孤立的圣经原则。 这段经文从本质上描绘出神国与自我王国之间的争战。 请容我进一步解释。

圣经安排的方式是将它救赎故事的内容，以戏剧的形式展开。但正如我前面所说，圣经是一个带有注释的故事。 **一方面，**这个叙事包含一些主旨。 在这些主旨上，这个故事的伟大主题被浓缩成普遍的真理陈述。 这些陈述的目的是帮助你理解故事情节。

圣经这记叙文的另一方面则是**一些原则**。 藉这些原则将圣经救赎故事应用在每天生活的各个层面及各种人际关系上，了解神的故事情节，以帮助你知道如何去过每天的生活。

让我们来看《雅各书》一章19至20节。 这段经文告诉我们一个原则： 你们各人要快快地听，慢慢地说，慢慢地动怒；及一个主旨： 因为人的怒气不能带出神所喜悦的公义生活。 让我用另一个更贴切的方式重述这个主旨，"因为人的怒气不能成就神公义的原则。"看到这样的陈述时，你就开始明白雅各真正要说的是什么。 他不仅是说良善、安静是件美事，还有比这更深切的意义在其中。

雅各在这里告诉我们，神的故事是一个忿怒的故事。 你可以为圣经故事定出一个标题："圣洁与非圣洁之战"，圣经实在是记述两种忿怒的故事。 首先记的是神的忿怒，以及神为何要发怒？ 神发怒是因为他要行他的道——他那圣洁、公义、完全和慈爱的道。 其次记的是人的忿怒，以及人为何要发怒？ 我们发怒是因为我们要走自己的路——我们那不洁、自私、不义、不完全及缺乏爱心的路。 这两种忿怒绝不能共存，它们是互相排斥的。 当你在看圣经故事时，将会遇到神的忿怒和人的忿怒，且这两种忿怒一直在碰撞。 圣经其实就是这两种忿怒对立的史诗。

当你看圣经故事，从一开始，你看到神因忿怒将亚当和夏娃赶出伊甸园。 紧接着看到人的忿怒，该隐因为嫉妒杀了兄弟亚伯这令人震惊的一幕。 圣经故事中，处处可以看到这两种忿怒的暴力： 以色列人亚干因偷窃的罪惹神发怒，尼布甲尼撒因忿怒将三个以色列的年轻人扔进火窑中，神因忿怒将傲慢的尼布甲尼撒王降卑，与兽同居。 以色列国降卑成只注重社交政治，充满怒气与妒忌的一个泥淖，列王为夺取王位而谋杀前王，神因他的子民弃绝他归向假神，将忿怒倾倒在他们身上。 从希律王在主耶稣降生时下令杀婴这个故事中，你看到人的忿怒。 从基督赶走将圣殿变成做买卖的地方的那些人，你看到神的忿怒。 这只是少数记述下来的事件，但很清楚说明了重点。 这两种忿怒彼此争战，两者不能和平共存。

两种忿怒，两种理由

随着故事持续进展，你明白这两个国度不能共存，神不能、也不会放弃他公义的原则及荣耀的计划。 他为他公义的原则所发的怒气其实是全宇宙的盼望。 全宇宙的盼望在于神发怒，向凡是拦阻他原则的一切事发怒。 他的道是公义之路，他的旨意必要成就。

从属灵的角度来看，人似乎没有能力放弃人的原则。 不论何时，不论使用什么方法，他就是要得到他想要的东西，为此坚持不放，不愿妥协，也不愿等候。 他会向那些拦阻他的人事物发怒，他的怒气甚至带出死亡。

雅各在这段经文中说，人的怒气具有致命的伤害： 因它不是出于神公义的原则。 我们人所要的不是神所要的，当神发怒时，我们无动于衷；而在神不会发怒的事上，我们的怒气又会被激动。因为我们并非受神想要成就这事激励，我们的怒气与神的怒气无法和平共存。

当你读圣经故事时，你感受到其中的戏剧张力。 你也可以闻到战争的火药味。 你怀疑神的怒气能赢得这场战争吗？ 他是否会因厌烦而放弃，任凭人走自私的路？ 他会将我全毁掉吗？ 人最终会变好吗？ 人最后会不会放弃自私的原则？ 人会不会与神一同发怒，而不是向神发怒？ 故事会有怎样的结局呢？

两种怒气的碰撞

你能看出神的忿怒与人的忿怒交织成整本圣经故事，可预见的可怕冲突紧紧地抓住了你。 你知道这两个忿怒碰在一起时会造成极大的伤害。 神要行他圣洁的道，宇宙间最宝贵的盼望是神的道路能畅行无阻。 神说得很清楚，他绝不放弃他公义的原则。 然而人要走自己不圣洁的路，因此就拦阻了神的道路，这两种忿怒之间没有和谈的余地。

这两种忿怒终于相撞了，但碰撞的点让人难以想象，它们撞在一个名叫耶稣的身上。 在十字架上那戏剧性的一刻，忿怒爆发成强烈的恩典与永恒的改变。 让我们听一听彼得在《使徒行传》二章 22 至 24 节第一次讲道时所说的话：

> 以色列人哪，请听我的话：神借着拿撒勒人耶稣在你们中间施行异能、奇事、神迹，将他证明出来，这是你们自己知道的。他既按着神的定旨先见被交与人，你们就借着无

法之人的手，把他钉在十字架上，杀了。神却将死的痛苦解
释了，叫他复活，因为他原不能被死拘禁。

是什么事让基督上了十字架？ 是圣洁之神的忿怒，他不能再
容忍这罪恶且悖逆的世界。 神决心用这样的方式来表达他的忿
怒，但也是人的忿怒让基督上了十字架。 充满怒气的人坚持要走
自己的路，他们仇恨这位弥赛亚而将他送上十字架。 因此，在死
亡山上，神满溢的忿怒及人满溢的忿怒相撞在基督身上，他带走碰
撞造成的伤害，好让我们不需要再承受。

在那相撞的一刻，产生的结果并非审判及定罪，因为神的恩
典，他的忿怒也是出于恩典。 基督在十字架上借着这恩典释放了
我们，并赐给我们新的生命。

良善与忿怒

神要借着十字架做什么呢？ 他的目标是一个无忿怒之人组成
的国度吗？ 不，神借着十字架定意要得到每天都会发怒的人。 你
也许会想："我不明白，我认为忿愤是有害的，具有破坏性的。 神
不是要我们作一个使人和睦的人吗？"

不错，我们的怒气多半是危险且具有破坏性的，因为那是错误
的忿怒。 我不是因你或世界的破败而生气，而是因你的破败妨碍
了我想要得到的东西！ 基督死在十字架上，将我们从这样的忿怒

中释放了出来。 你知道，你若为神伟大的国度而活，你就能与神一同发怒，而不是向神发怒。

因耶稣的死在爱主之人中形成了一种文化，他们极愿委身于神公义的原则，内心为罪在他们身上及在世界造成的后果忧伤，他们不得不每天发怒。 这怒气与过去那老旧、自私及不圣洁的怒气完全不同。 这些人是良善的人，也是忿怒的人。

这种新的忿怒是一种不能熄灭的热情，一心忠于神的原则且对罪有着不愿妥协的厌恶。 这是充满同情的忿怒，让人不得不去寻找那些被罪所摧残的人，使他们得到释放。 这是大有怜悯的忿怒，以谅解与恩惠来回应罪的愚昧。 这是恢复的忿怒，它拒绝定罪，反而相信迷失的罪人能重新被塑造成主的形象。 这是愿意服侍人的忿怒，不顾自己甘心乐意帮助他人。 这是和平的忿怒，它痛恨罪在这个世界造成的分裂，想尽全力来恢复和谐的关系。 这是饶恕的忿怒，它恨恶罪疚感并鄙视罪的羞耻。

耶稣的死不仅将你从自己的忿怒中释放出来，同时加添能力给你，使你能担负起神的义怒。 他死，所以你不会再因他人或环境的阻碍，得不到自我小王国所贪恋之事而愤慨不平。 他死，所以你不会成为那可怕小王国中专注自己忿怒的俘虏。 他死，你会为罪及罪在你和周围的人身上造成的伤害而忿怒。 他死，所以你会因罪在你所居住的世界造成的毁坏而忿怒。 他死，所以你的忿怒是圣洁的，是讨他喜悦的。 他死，所以你的忿怒将激励你行出怜悯、仁爱、饶恕、同情、恢复及和平的行为来。

忿怒： 大戏剧和小戏剧

这是两种相对的忿怒所产生的宏大戏剧，它即呈现于圣经各个篇章中，同时也是你生活中上演的迷你剧。 你对每天生活中发生的情况及人际关系所作的回应，决定于你究竟是受到哪一种忿怒的控制。 你会屈服于试探，为坚持己意而争竞吗？ 或者，你会认清耶稣为你而死的事实，不让你的小王国得胜，而是进入一个更美的国度吗？ 你是否愿意遵守他公义的原则，彰显出得不到满足的恩典之怒？ 这会让你无论在何处都能带出影响力。

你是否愿意成为一个忿怒的朋友？ 发怒不是因为朋友犯错，而是因为你看见罪带给他们的后果，你盼望他们能过得更好。 你愿意作个忿怒的配偶吗？ 不是要你与配偶争吵，而是配偶在罪中挣扎时，你愿意去为配偶争战。 你愿意成为一位忿怒的国民吗？ 为了贫穷、种族歧视、腐败的政府及不公正的待遇……在如下这些情况中，你愿意成为内心良善且为神发义怒的人吗？

- 当你愿意以仁爱的忿怒去自我牺牲时？
- 当你愿意以怜悯的忿怒恢复关系时？
- 当你愿意以公正的忿怒作出拯救的回应时？
- 当你愿意以和平的忿怒使人和睦之时？

当你以这样的方式发怒时，你就不再是个俘虏，屈服于自我专注的梦想。 你的怒气是你担负起神公义原则的结果，你能将一切你所触及到的人事物扩展到神国的尺寸。

撒拉内心非常忿怒，但一点都看不出来。 她生活中没有太多冲突，没有人会说她讲话聒噪，她不是喜爱争吵的人。 但撒拉确实因许多长者孤独地住在老人院里而发义怒，所以她在每个礼拜天下午，到小区退休人士的疗养院去，一间房接一间房地探望他们。她生气，是因在当今有高等教育的文化中，居然有这么多孩子不会阅读，所以她在每周二晚上花时间来教这些孩子读书。 她生气，是因为看到许多不能化解的冲突影响了人与人之间的友谊，所以她尽自己的能力去作个使人和睦的人。 是的，撒拉确实在发怒，但那不是小国度里自我专注的忿怒。 不，她的忿怒是伟大神国的忿怒，只有这种忿怒才会驱驶她去尽力行善。

挑战巅峰

现在，在你日常居住的地方，

你在为谁的国度发怒？

Q

哪些事会给你带来盼望？

第  章

盼望

期望：充满信心地期盼某件事情发生

真实的盼望永不会让人失望，

因所盼望的不是一件事，而是信实的那一位。

当我构思本书最后两章时，内心不断盘算该如何适当反映出神伟大国度真实的生活景况。 我突然想到神伟大国度的生活最基本的就是有盼望。 你可能会忽略这点，因为许多人经常凭靠一种不可靠的盼望来过日子，直到他们所倚靠的被证明是不可靠的。 正因如此，我们看到在这堕落的世界上似乎有许多真有盼望的人，事实却并非如此。

在这败坏的世上过着有盼望生活的人，可以分成两类。 第一类人活在**很快就会让他们失望的短暂盼望**中，他们将盼望寄托在那些终将损毁的事物上，他们的盼望迟早会破灭。 第二类人是凭着**真实可信的盼望**而活，他们的盼望不会消灭，因它与那永不叫人失望的相连。 唯有在你为那伟大国度而活时，你才会有这样的盼望。

令人失望的失望

你也许会问，为什么真正的盼望这么稀少？ 你是否曾花时间观察你生活的这个世界？ 不妨想一想，你生活当中是否很少有不让你失望的事情。 让我们看看以下的真实例子。

本和艾米丽精力充沛且充满盼望地坐在我面前，他们深情款款地看着对方，让我很难吸引到他们的注意力。 事实上，我猜他们有时都忘了我的存在。 他们到我的办公室来接受婚前辅导，但我猜他们不认为自己需要。 他们奉命行事接受辅导，是因为教会规定如此才能使用教堂举行婚礼。 他们坚称自己是深切尊重对方并愿意委身于对方。 艾米丽说他们之间的沟通极为顺畅，彼此的问题也能顺利解决。 当我看到本和艾米丽彼此手握着手相依而坐，脸上带着灿烂的笑容时，我为他们感到害怕。 他们将自己的幸福感、生活意义、安全感及所有的盼望置于一个信念，那就是相信对方能圆满达成一切，并且不会让他们失望。

六个月后，他们又来到我的办公室，但这一次本和艾米丽不再相依而坐。 他们脸上没有了笑容，且面临一个让彼此惊讶的事实： 知道自己带着罪又和另一个罪人结婚。 因着他们错误的选择，使得彼此都无法信守承诺。 冲突让他们痛苦，让他们沟通困难。 他们面临的问题很普遍，是这堕落世界所带来的问题，让我看到这对新人对他们婚姻的盼望都消失了。

令人失望的世界与根本的盼望

　　这对曾经充满盼望的夫妻理当失望，因为事情并不如他们想象的那般。 生活中还有许多解决不了的问题，你知道，在这个堕落世界里的音乐常常是用小调来弹奏，因为都是一些失望的乐章。你不妨思想一下，那些你做过的事情中，几乎每一件都让你或多或少感到失望。 比如说，你买的房子总有意想不到的问题出现；你的人际关系或多或少让你觉得失望；你的工作不会永远让你称心如意。 你一开始参加某个教会时，可能认为这是你所参加的教会中最好的一个。 但一段时日之后，你遇到许多问题，因此对这教会的评价也更实际一些。 在你成长的家庭中，令人失望的事对你来说是很正常的，这是堕落世界的真实景况。 其实，准确地说，失望是每个人共同的经历，没有一个人能躲避悲哀的情绪。 正因如此，我必须强调，神伟大国度里最基本的事就是，这是一个光明灿烂、充满荣耀、激励人心且满有永恒盼望的国度。 这个国度里的盼望建立在稳固的根基上，永不让人失望。

这是怎样的盼望呢？

　　你有没有想过，为什么没有人写一本教人"如何变得沮丧"的书？ 为什么没有人写"使你惧怕的七个最好方法"？ 或是写"过高效失望生活的七个步骤"？ 没有人写这样的书是因为根本没有必要。 在这个破碎的世界过日子已经够艰难了，有时候，似乎就快达到梦想之境，一切又突然在眼前消失了。 我们常常觉得恶人得胜，好人屡碰钉子。 有时候，我们会看到罪犯得工价，而诚实正直的人却负债累累。 有时候，当你仔细观察周遭的一切，你会觉得"盼望是傻瓜的专利品"这句话一点都不愚蠢。

但敞开你的心把恐惧暂时放一边，与我一同来思考。 如果你已婚，你必须承认在婚姻生活中，你与配偶之间固然经历到喜乐与祝福，但有时仍会有挣扎，并非事事都称心如意。 你虽然有份工作，工作却让你失望。 你和上司之间的互动与配合曾经非常良好，现在却有莫名的紧张。 或者你与同事之间的关系不好，你觉得那是彼此争竞而不能同心的团体。 或者是工作让你觉得不能真正投入并实现抱负。

没有一个作父母的没有失望过。 我们梦想有了孩子会怎么样，梦想他们将来的样子。 但是我们的梦想总是不能实现，我们的孩子将要遇到的困难我们无法预知，我们会有的挣扎也是生孩子之前我们难以想象的。 在抚养孩子的过程中，一些理想淡化了，我们只能盼望把他们养大，还能彼此相爱就够了。

或者是你与朋友之间的关系碰了壁。 你觉得孤单，怀疑是否有人真正关心你。 或许你心里很受伤害，因为有位所谓的朋友背叛了你。 或者你对那些只有表面关系却毫无意义的友谊感到厌倦。 或者你对自己感到失望，因着自己表达上的不顺利，而无法建立友谊。 我们每一个人，在我们的人际关系上或多或少都有令人失望的经历。

可能你生活中最让你失望的是你所参加的教会。 圣经告诉你教会应该是什么样，但这个教会好像永远达不到那种光景。 或许教会提供你许多教友和服侍的机会，但都像是一个设计失败的体系，里面充满虚浮的忙碌，你参与许多层面的侍奉，但总觉得有失落感。

还有可能，你一生中最让你失望的就是你自己。 你从来都达不到心目中的自己或一心想成就的事。 在你安静、理性的时刻，知道一切只能怪自己。 你该负起责任时，却放任自己；你该承担责任时，却责怪他人。 你将自己拙劣的表现归罪于当时困难的环境。 如果你有时间自我省察，一定不得不对自己今天的光景感到失望。

是的，你也许有许多让你失望的理由，也有许多恐惧的事。我们没有一个人能过一个不让人失望的生活。 鉴于这个事实，对神伟大国度彻底的认识之一就是，神的国度是一个光明、灿烂并充满盼望的国度。

令人失望的盼望

保罗似乎是暗暗地在《罗马书》五章 1 至 5 节里提供了伟大国

度里的一个重要原则：

> 我们既因信称义，就借着我们的主耶稣基督得与神相
> 和。我们又借着他，因信得进入现在所站这恩典中，并且欢
> 欢喜喜盼望神的荣耀。不但如此，就是在患难中也是欢欢
> 喜喜的；因为知道患难生忍耐，忍耐生老练，老练生盼望，盼
> 望不至于羞耻，因为所赐给我们的圣灵将神的爱浇灌在我
> 们心里。

　　保罗鼓励我们在每天生活中支取神所应许的恩典。 他说神的恩典叫我们有足够理由在困境中仍旧满有盼望。 困境本身常会带走盼望，但对保罗来说却不是这样。 保罗不是以自身环境的舒适或人际关系的平顺为盼望，他的盼望来自更深之处。 那就是为什么即使他在痛苦困难中仍持定他的盼望。

　　当保罗论述这一点时，他提出了一个不易被看到却同时能震撼人心的原则。 他说的是： 如果你的盼望会令你失望的话，那就是错误的盼望。 你知道，向着神所存的盼望永远不会让人失望，因为它是**寄望在神里面**。 意思是说，如果将盼望寄托于任何其他事物，这些事一定会令人失望。 请你仔细深思这个原则，其中含意是何等广阔，能让人的生命产生何等变化。

　　当我们说我们盼望某件事时，那是什么意思呢？ 基本上，盼

望的意思就是：“一个心愿加上一个理性或信念上的期盼，期盼这件事一定会成就。”但是盼望还不只如此。 当我寄盼望于某件事时，我同时将我的幸福感、身份、意义及目的全都加在那件事上了。 这样一来，就需要我所盼望的事情一定实现，因为我是把一生都和这件事联结在一起了。 你必须明白，每一个人都一定会寄望于某件事情。 这也是为什么失望是人类普遍的经历了，因为我们所盼望的事不能成就。 我们不断重洗手上那副盼望牌，以为迟早会碰上一副王牌。 其实，这副牌里根本没有任何王牌！ 如果你的盼望令你失望的话，那就是错误的盼望。

另一种方式

但是还有另外一种盼望。 伟大国度的生活是一种有保证的生活，神的国**将会**临到，我的国度则会消失。 他的旨意**将要**成就，他要将万事带入荣耀里，他所应许的一切都要实现。 在我们所经历、所忍受的事情上都有它的目标，最后都有交账的一天。 邪恶被永远击败的那一刻终将来到；怜悯要永远作王；温柔善良之人要得到这个世界；和平将永远常存。 终有一天，世上的苦难、悲伤、罪及痛苦都要止息。

人的问题在于，当你将你小王国的诸般欲望提升为需要时，你就不再过着一个有保证的生活。 因为神从来没有应许你所盼望、渴慕、自以为不能缺少的那些事会实现。 你将你的快乐寄托于充满爱情的美好婚姻，但神没有答应要给你。 你将你的身份系于功成名就，但神没有应许你事业必定成功。 你把你的幸福紧系在身体健康和物质丰厚上，但神没有保证你必会拥有其中任何一个。 你将你的自我价值定在成为成功的父母，拥有优秀的孩子，但神没有与你签下这样的约定。 当然这些事令人向往，这样的经历也非常有价值，但这些都不是你可以控制的事，并且你的救赎主没有保证要赐给你这些。

进一步说，当这些事物控制了你心思意念的时候，你就会以他是否给予你心所要的来判断神的信实，而不是以他是否守约。 而这正是信仰困境之所在。 如果神赐予你的事物在你生命中所扮演的角色是本该上帝来扮演的，那他岂不也会让你对其上瘾，而本来他的恩典应该是让你从中被释放得自由的。

事实上，我相信一些我们认定是从仇敌来的阻力其实是上帝的拦阻。 他阻拦我们，不是因为他不爱我们，而是因为他**爱**我们。 他拦阻我们是因为我们想要的在属灵上阻碍了上帝。

有些基督徒认为，神是我们需求之物的最终保证人，这种观念最后一定会让人绝望。 你知道，我们经常在绝望与怀疑之间挣扎，那些我们认为"好"的事往往永远够不着。 而我们已经从他手里得到上好的，自己却认不出来。

你的盼望绝对与你所侍奉的国度有关联。 如果你生命的定义在于能实现许多小王国的目标，你就会活得很有压力、控制欲强、很焦虑、常常失望并且恐惧。 因为你以无法掌握的事及神未曾应许的事来给生命下定义。 但如果你不再将盼望寄托于你个人的智慧、能力及特性，不再寄托于他人的认可及表现，也不再相信自己所处的环境、情况都不会出错，你就向着可信赖的盼望迈进了。

伟大国度的盼望是将盼望寄托于独一的真神。 这是一种深切持守并身体力行的信赖，相信神是一切智慧、真理、慈爱、良善的最终源头，相信他所做的尽都完美，并相信他所应许的一定信实可靠，绝不会让我们失望。 我们敢将一切交托给神，包括我的过去、现在、未来、我的身份、我存在的意义、目标、我每天生活的动力等，并且坦然无惧地在他里面安息。 不错，我在这堕落的世上还会面临许多令人失望的事，但我不会再惶恐，不会再逃避，也不会再退缩，因为我的神即使在我失望时也与我同在，并且他永不改变！

当你存着这样的盼望迎接每个新的一天，他要来塑造你、指引你，当你唯独对神有盼望时，你所触及的事物就会扩展到神国的尺寸。

> 每日清晨，满足的盼望向我致意，
> 不因我做事有果效，
> 也不因有人欣赏我，
> 更不因环境常安逸，

只因神之所是，也因他是我的父。

若以其他方式迎接清晨，

就是相信虚谎。

凭信而活就是凭真理而活；

凭真理而活即归荣耀于主；

每日生活中将荣耀归于主，

这乃是向神最崇高的敬拜。

——保罗·区普

你每天从哪里寻求盼望？

第 **18** 章

整合的侍奉生命

面对永生，

我们该如何安排今生？

　　扎克定了下来，我不是指他在爱情方面，而是指他决定投身于神的事工。 从表面上看，他的生活很平凡。 他住在大都市里，在一家杂货店当经理，经常和一群好朋友在一起，他也参加住家附近一个教会的服侍。 扎克今年三十一岁，还没有结婚，但已经有了一位女朋友。

　　我说他定了下来，指的是他的生活方式可说是实现了这本书里的典范。 扎克明白书里所说的一切，他明白将自己的生活扩展到神国尺寸这句话的意思。 这不是说他要辞去现有的工作，到遥远的异国当一名宣教士。 他可以在他所住的地方为神而活，事实上，这正是神给你的呼召，并且赐恩典给你去完成他要你做的事。让我们仔细地看看扎克的生活。

　　扎克决定住在城里，是因为那里是在人口最密集的地方。 城市有许多公共场所，他可以每天到这里与群众分享福音，遇到他生活中难得遇到的人。 为什么他愿意这么做呢？ 因为他看重神的呼召，愿意到神为他预备的地方发光作盐。 他每天都觉得很兴奋，因为他可以将耶稣基督的爱具体呈现在人前。

　　你如果和扎克一起走在路上，你会以为他认识所有的人。 他从来不会因太忙或只顾自己而不停下来向人问好。 他读完工商管理学硕士之后，就定意要在住家附近找一份工作，好让自己每天都能接触到附近的邻居。 经常到店里来的顾客都认识扎克。

　　扎克以乐于助人而闻名。 他经常帮忙照顾邻居的拳师狗，这只狗体型很大又不断流口水，其实并不适合到扎克的小公寓里来，但这只狗带给扎克很多机会能与隔壁这对工作忙碌的夫妻交往。 扎克也成了巷口一位老妇人的义子，如果不是扎克，没有人会替她在冬天把人行道上的雪铲干净，他还常常把她所需要的杂货送上门。

　　礼拜六早上是扎克到公园去运动的时间。 不错，他需要运动，随着年龄增长，他也在意自己身体的健康状况。 但在这里，他还有更重要的事要做。 公园里有人打触身橄榄球和三对三的篮球，和年轻人一起打球，让他能认识许多邻近的年轻人。 扎克如果要减肥，当然最好是去健身房，但他有比减肥更好的理由到公园里去。

　　夏天的时候，扎克尽可能把自己的阳台变成烤肉区，几乎每个周末他都邀请人来吃饭。 扎克可以说是个天生的布道家，但他不是用那种强迫人的严肃方式。 他会先谈到他和基督的关系，四周的人本来就被他的人格魅力吸引住，早就想知道究竟是什么事使他与众不同。

在人行道上遇到伟大的国度

扎克采取这样的方式生活是为了一个原因： 他的眼目定睛在伟大的国度上。 他可以住在一个大房子里，可以有一份更有声望、收入更好的工作。 他可以拥有许多美物，可以有更多属于自己的时间。 他可以拥有这一切，但他却选择不要，这是因为扎克不是为自己活，扎克乐意为那位伟大的王而活。 下面列出几点来解释这句话的意义：

扎克相信伟大国度的重要。他深信是宇宙间那位全能的万王之王将自己放在现在的地方，这表示他必须爱这地方的人，并尽全力使这里变得更好。

扎克相信神的事工是一种生活方式。许多基督徒有错误的看法，他们以正规方式来看神的工作，认为事工都是服侍表上排好的各样事情，而你必须脱离生活，才能进入一项事工，做一段时间后，再离开这项事工，恢复你的生活。 扎克相信生活就是事工，在生活的各个层面都可成为事工的场所。

扎克相信人际关系的救赎能力。扎克相信圣经的教导，相信救赎在人与人的交往中产生。 神就这样在我们身上动工。 借着基督，他接纳我们进入彼此相爱的关系，然后彻底改变我们。 因此扎克寻找每一个机会与四周的人建立关系。

扎克相信热心款待人的重要。正如神为扎克开了神大家庭的门，扎克也打开他自己世界的门，邀请周围的人进入，他的行为有强大的说服力。

扎克相信神呼召他要以忍耐与毅力来生活。看神的事工永远是一个过程而非一个事件。 神的事工是以一颗乐意的心在他人生命中作长期投资，并盼望在投资的过程中，神会动工。

当扎克将自己的爱长期投注在别人身上时，他提醒自己要心存忍耐，因他在天上的父也是这样对待他。

因为扎克以这样的原则生活，他所做的每一件事就更有意义。工作扩展到了神国的尺寸，就连走路上班这件事也变成神事工的一部分。 在生活琐事上，就连运动和烤肉都带有新的意义，因为这些也成为扎克为神而活的一部分。

当然，有时候扎克会去享受一顿佳肴，看部电影作为消遣。但就在这些活动中，扎克也还是为神保留空间，随时准备为神改变计划。

神的国度对你有什么意义？ 一些个人问题

你已接近本书的尾声，我希望你用这本书当作一面镜子。 借

由这本书所提到的真理来光照自己，你看到了什么吗？ 哪一个国度在影响你的决定并安排你的时间呢？ 你是否将你的生命减缩成生活的尺寸？ 或者有哪些你触摸到的事物能扩展到神国的尺寸？ 以下特别为你设计了最后几个问题，可以帮助你正确地评估你的生活方式，盼望这些问题能影响你，从而愿意去寻索更多。

1. 你是为比你自己所谓的幸福更大的事而活，在生活中，你是否经常做一些具体且有意义的事？

2. 在你生活中，是否知道自我国度的欺骗本质？ （请记住，其实这是一个化装的国度）你是否经常察验你做事的动机，并察验你是如何投资你的时间与精力？

3. 你是以与神合奏的自由形式来过神呼召你过的生活吗？ 你是否活在神所定意的界限范围之内，同时也在神所赐的各种环境及人际关系中自由地欢喜作乐？

4. 你是否对每天工作并生活其间的这个破碎世界感到不满足？ 你是否尽全力重建这个世界，使它完整呢？

5. 你是否容许自己在世上只为工作忙碌，以致没有时间去渴望天国降临？ 或者你是一只眼看着现在、一只眼看着永恒来做一切的事？ 神应许，有一天世界和其上的一切都要完全更新，你是否真正抓住了神的这个应许，让你能处理现今所遭遇的痛苦与失望？

6. 你是否对你的计划、时间表、方案及期望保持轻松的态度？
   你是否不论在哪里，不论是多平凡的一刻，都要尽力成为
   神事工的一分子？

7. 因着主耶稣基督自己及他所赐的恩典彻底改变了你及你的
   生活原则，你是否极为感恩？ 你是否愿意努力去使自己对
   他的爱及敬拜永保新鲜？ 因着神所赐的特权，他拣选你成
   为神国的一分子，同时也成为他的使者，你愿意以谦卑的
   态度过生活吗？

　　神造我们或重塑我们，绝不是要让我们为自己而活。 我们是
为超越而受造，我们生命的范围应该远超过生活的边界。 当我们
如此生活，借着他的恩典，不只成为神宇宙间最重要的工作，神也
将真实的人性归还给我们。 神设计人的本意原是如此！ 虽然神有
无限的忍耐，但他绝不容许我们小王国的目标成就。 他是如此爱
我们，一次又一次伸手到我们那可怕的小王国里将我们拉出来。
他会不断这样做，直到他的旨意成就，他的国度降临。 这是我们
应当欢庆的原因！

图书在版编目(CIP)数据

寻求更大的事/(美)保罗·区普(Paul Tripp)著；
陆铀,孙轶男译.—上海：上海三联书店,2024.3 重印
ISBN 978-7-5426-5801-2

Ⅰ.①寻… Ⅱ.①保…②陆…③孙… Ⅲ.①人生
哲学-通俗读物 Ⅳ.①B821-49

中国版本图书馆 CIP 数据核字(2017)第 009678 号

寻求更大的事

著　　者 / 保罗·区普
译　　者 / 陆　铀　孙轶男

特约编辑 / 林婧莎
主持编辑 / 邱　红
责任编辑 / 董毓玭
整体设计 / 周周设计局
监　　制 / 姚　军
责任校对 / 张大伟

出版发行 / 上海三联书店
　　　　　(200041)中国上海市静安区威海路 755 号 30 楼
邮　　箱 / sdxsanlian@sina.com
联系电话 / 编辑部：021-22895517
　　　　　发行部：021-22895559
印　　刷 / 上海惠敦印务科技有限公司

版　　次 / 2018 年 12 月第 1 版
印　　次 / 2024 年 3 月第 8 次印刷
开　　本 / 890mm×1240mm　1/32
字　　数 / 150 千字
印　　张 / 7.125
书　　号 / ISBN 978-7-5426-5801-2/ B·511
定　　价 / 48.00 元

敬启读者,如发现本书有印装质量问题,请与印刷厂联系 021-63779028